누나, 내가 결혼을 해보니까 말이야

일러두기

• 성경 본문은 현대인의 성경을 사용했습니다.
• [   ] 사용은 저자 강조입니다.

책 읽 는 사 자 의　　연 애 와　결 혼

누나,
내가 결혼을
해보니까
말이야

책읽는사자 지음

규장

진리 안에서 누리는
결혼의 기쁨

지금 우리는 '어떻게' 결혼해야 하는지를
설명해야 하는 시대를 지나 '왜' 결혼해야 하는지부터
언급해야 하는 시대에 접어들었다.

어쩌면 어느 신이 참 신이냐를 묻던 시대를 지나
아예 신 자체가 필요 없다는 시대에
필연적으로 마주하게 될 위기였을지도 모른다.

젊은 세대·다음세대에
비혼주의 문화가 급속도로 퍼지고 있으며
특히 남녀 간 갈등 양상이
(그 정도가 다를 뿐) 빠르게 확산 중이다.

미디어를 통해 꾸준히 주입되는
프리섹스 쾌락주의는 덤이다.

남자와 여자는 서로 신뢰를 잃은 듯하다.

남자는 여자를 자신의 성적 욕구를

해소하는 존재로 여기고

여자는 남자와 '남자가 세운 사회 질서'를

전복해야 하는 악으로 여긴다.

물론 성급한 일반화의 오류를 조심해야 한다.

오늘도 여전히 아름답게 사랑하는

남녀 커플이 [주류]로 존재하고 있기 때문이다.

그러나 만약 비혼주의, 쾌락주의, 남혐·여혐 등의

반(反)성경주의 문화가 점점 더 확고한

주류 정신으로 자리 잡는다면 어떻게 될까.

2021년 국민일보 'MZ세대 여론조사' 결과에 따르면

한국의 18-24세 여성 중 82퍼센트가

비혼 출산에 '동의'했다.

사실혼, 비혼 동거인 등을 가족으로 인정하는
정부의 '가족 개념 확대'에 대한 질문에는
2030 여성 중 무려 76.8퍼센트가 동의했으며
전체 응답자 중 88.6퍼센트는 '한국사회 남성과 여성 간
젠더 갈등'이 '심각하다'고 답했다.[1]

무언가 본질적인 위기감이 느껴지지 않는가.
적어도 난 그렇다.

성경이 우리에게 권유하는 삶의 방식은 두 가지다.
결혼 그리고 성경적 독신.
나를 위해 결혼을 거절하는 게 비혼이라면
오직 주님의 영광을 위해 결혼을 내려놓는 것을

---

1 〈男 86퍼센트 "남혐 심각" 女 86퍼센트 "여혐 심각"… 서로 "내가 피해자"〉,
《국민일보》 2021년 6월 25일자

성경적 독신이라 한다. 후자는 소위
'독신의 은사'가 필요한 부분이라 그 수가 많지 않다
(그러나 이상하거나 특이한 게 전혀 아니다.
오히려 어떤 의미에서 그들은 특별하다).

그럼 하나님께서 우리에게 분부하신
다른 하나의 삶의 모양은 결혼이다.
무신론·유물론·진화론자들의 주장과 달리
결혼은 신이 인간을 위해 만들어주신
'신의 제도'다. 신의 축복이다.

결혼에 대한 성경적 토대가 제대로 잘 놓여야
'하나님께서 기뻐하시는 연애',
'하나님께서 기뻐하시는 결혼 생활',
'하나님께서 기뻐하시는 성 가치관' 등을 세울 수 있다.

달리 말해 성경이 내 삶의 진리라는 것과

오직 주님만 따르는 것이 인간의 참된 행복임을

믿어야만 이 혼돈과 혼란 속에서

제대로 된 방향을 잡을 수 있다는 말이다.

약 100년 전, 이탈리아 철학자이자 정치인이었던

안토니오 그람시는 유대 기독교 위에 세워진

서구 문명을 파괴하기 위해서는 기독교적 가치관이나

사고방식을 바꿔놓아야 한다고 했다.

독일 철학자 막스 호르크하이머는

유대 기독교 문명을 전복하고 그들이 꿈꾸는

유토피아 세상을 구축하기 위해

기독교 문화, 특히 기독교 성(性) 윤리의

파괴를 목표로 삼았다.

예수님을 떠나는 것이

곧 자유이자 해방이라 믿는 사람들에게

기독교 가족제도의 핵심이자

한 국가와 사회 공동체의 핵심이기도 한,

한 남자와 한 여자가 하나님 안에서 한몸이 되는

거룩한 신적 제도인 '결혼'은 반드시 무너뜨려야 할

견고한 성이었던 것이다.

이 사실을 알아야만 현 사회 시세와

남녀갈등의 본질을 제대로 짚을 수 있다.

성경과 교회를 수호하려는 크리스천과

진리를 파괴하려는 사단이 외나무다리에서 만났다.

그 외나무다리가 바로 '성'이다.

이제 성경적으로 연애하고, 결혼하고,

가정을 이루는 것은 시대적 사명이 되었다.

그렇게 살아가는 것 자체가 선교가 된 시대다.

아직 대다수 크리스천이 감지하지 못하고 있으나
크리스천 남녀의 성경적 연애·결혼관은
기독교계 곁가지 주제가 아니라
온 교회와 성도가 힘을 모아 반드시 지켜내야 하는
핵심 주제가 되었다. 이것이 내가 이 책을 쓴 이유다.

이 책은 크리스천 여성들을 위한 책이다.
2030 여성, 자라나는 10대 여자 청소년,
아이를 가르쳐야 하는 부모 세대까지
예수님 안에 있는 모든 여성이 읽었으면 하는 바람이다.

그래서 간절하고 절박한 만큼
최대한 쉽고 재밌게 쓰려고 했다.
결혼 생활을 먼저 하는 남동생이 친누나에게
조언을 해주는 형식이다.
이내 책장을 넘겨 본문을 읽기 시작하면

지금과 사뭇 다른 문체에 당황할 수도 있으나
마음 놓고 내용에 푹 빠져들길 바란다.

1부는 성경적인 연애·결혼에 대해
꼭 알아야 할 기본 전제를 다뤘고,
2부는 실제 연애에 도움될 만한 주제를 다뤘다.
그래서 결혼을 앞둔 청·장년 남자 크리스천이나
성경적 성 가치관에 의거한 연애·결혼이 궁금한
남자 청소년들도 1부의 내용은 실로 유익할 것이다.
자녀를 기르는 크리스천 아버지에게도 당연지사다.

성경을 모르거나 어려워하는 청년들에게
조금이나마 더 가까이 다가가고자
성경 본문은 현대인의 성경을 사용했다.
(성경적 연애·결혼에 관한 보다 구체적 가이드라인을
알고 싶다면 《책읽는사자의 신앙의 참견》 1부를 읽길 바란다.)

이 글을 쓰는 나도 결혼한 지
어느덧 9년이 다 되어간다.

살아갈수록 내게 이토록 존귀한 아내를 허락하신
하나님의 은혜가 얼마나 감사한지
한 번은 "이토록 존귀한 아내를 주신 하나님.
난 이생에서 받을 복을 모두 받았습니다"라고
고백하기도 했다.

아내는 영혼의 동반자이자
내 생명보다 귀한 보물이다.
아내를 통해 예수님의 인격적 사랑을 깨닫고 만난다.

물론 이렇게 되기까지는 두 사람이 끊임없이
예수님 안에서 깎이고 다듬어져야 한다.

그러나 넌크리스천 부부가 서로 자기 의견이 맞다고
치열하게 대립하는 것과 달리,
예수님이라는 변함없으신 푯대를 기준 삼아
의견을 조율하고 자신을 돌아보기에
그 과정은 상처가 아닌 사랑이자 회복의 시간이다.
그래서 부부생활은 영적 예배의 연장선이다.

진리 [안에서] 누리는 결혼 생활은
인간이 누릴 수 있는 최상의 기쁨 중 하나이다(요 8:32).
그 진리는 오직 예수 그리스도다(요 14:6).

결혼 생활의 주인이 예수 그리스도가 되게 하자.
결혼 생활의 최종 결정권을 그분께 내어드리자.
이것이 크리스천 부부가 누릴 수 있는
최상의 축복이자 행복이다.

사랑하자.
한 남자와 한 여자가 주님 안에서 만나
아름답게 사랑하고 결혼하자.
외형이 아닌 성품을 보자.
결과적 다이아몬드가 아닌
거룩을 향해있는 원석을 찾자.

무엇을 먹을까, 무엇을 마실까, 무엇을 입을까
걱정하며 그 솔루션으로 결혼하려 하지 말고,
(결혼하지 않으려 하지도 말고)
먼저 하나님의 나라와 그의 의를 구하기 위한
아름다운 여정을 함께 떠나기 위해 결혼하자(마 6:33).

하나님의 비전을 이뤄드리기 위해
부부가 한마음으로 걸어가는 길이
얼마나 아름답고 행복한지 그대가 맛보았으면 좋겠다.

무엇이 행복일까. 고통을 피하는 게 행복일까.

애초에 그건 불가능하다.

예수님과 함께함이 행복이다.

내가 직면한 이 고통의 언덕을

그분과 함께 넘어가는 것이 바로 행복이다.

부부의 행복도 마찬가지다.

오직 예수님을 위해 부부가 함께

고통의 언덕을 넘는 것이 바로 행복이다.

어느 것으로도 대체 불가능한 인생의 참 만족이다.

내가 마주한 결혼의 발견이다.

이제 내가 새로운 계명을 너희에게 준다. 서로 사랑하여라.

내가 너희를 사랑한 것처럼 너희도 서로 사랑하여라.

요 13:34

Intro

PART ❶

결혼 vs 비혼!?
우리가 몰랐던 결혼의 진짜 의미!

contents

PART ②

성경적 연애관!?
크리스천은 이렇게 연애해야 한다!

결혼 vs 비혼!?
우리가 몰랐던
결혼의 찐짜 의미!

chapter 1

누나,
내가 결혼을 해보니까 말이야…

누나, 나야. 남동생.
내가 아내와 결혼한 지 벌써 9년 차더라고.
누나랑 아내가 둘도 없는 친구가 된 게
얼마나 감사한지 몰라.

어쩌면 누나가 아직 결혼을 하지 않아서
우리 셋이 잘 놀고, 잘 먹고, 잘 돌아다니고,
교회도 함께 다니면서
좋은 시간을 보내고 있는 것 같기도 해.

내게 '매형'은 마치 유니콘처럼
아직 상상 속 존재이자
한 번도 내뱉어 본 적 없는 생경한 단어지만

그래도 사람 일 어떻게 될지 모르는 거니까
오늘도 매형과 함께 한강에서 캐치볼 하는
시뮬레이션을 돌리며
나도 모르게 입가에 미소가 번지고 있어… ㅋ

세상이 참 많이 변한 것 같아. 그렇지?
당연했던 결혼이 하나의 옵션이 되더니
아예 결혼 자체를 삶을 옭아매는
불행의 시작으로 여기는 풍조가
점점 더 강해지는 것 같아.

또 실제로 인터넷에 쏟아지는 각종 사례들만 본다면
결혼이 정말 불행 그 자체로 보이기도 하고 말이야.

그런데 누나,
내가 결혼을 해보니까
결혼 생활 행복의 결정적 요인은
환경이 아니라 마음이더라고.
마음이 맞으면 환경이 척박하고 어려워도
오히려 역설적으로 그 안에서 피어나는
행복과 감사가 있더라고.

옛날 사람들이 우둔하고 비합리적이어서
결혼을 했던 게 아니라
이 땅에서 '개인'이 찾을 수 있는
행복의 완성이 결혼과 가정이라는 걸
그들은 이미 알고 있었던 거야.

물론 섣부른 일반화는 하지 않을게.
모든 부부가 행복한 결혼 생활을 하고 있다고
어떻게 단정 지을 수 있겠어.
그런데 우리가 잊지 말아야 할 맹점이 있는 것 같아.

첫째, 성경이 말하는 '결혼'의 의미가 다르고
둘째, 성경이 말하는 '행복'의 의의가 다르고
셋째, 성경이 말하는 '삶의 목적'이 다르다는 걸 말이야.

두 사람이 결혼, 행복, 삶의 목적에 대한 견해가 같아서
동일한 곳을 향해 함께 걸어간다면
결혼처럼 감사한 선물이 없다고 생각해.
나는 아내를 통해 하나님을 만나거든.
일상에 녹아든 신의 사랑을 매일 만나는 거야.

내 영혼 깊은 곳에서부터 감사가 튀어나와.

그래서 행복하더라고.

(순서가 중요해. 감사가 먼저고 행복이 뒤따라와.)

하나님께서 누나 인생을 어떻게 계획하셨는지

우리는 모르지만

이 남동생이 누나가 결혼에 대해

보다 잘 생각할 수 있게,

그리고 배우자를 잘 만날 수 있게

부족하지만 이런저런 생각을 써보려고 해.

당연히 공짜는 아니야.

갖고 싶은 물건은 항상 많아.

우선(?) 러닝화 밑창이 많이 닳았더라고.

응, 그냥 그렇다고.

여호와 안에서 너희 기쁨을 찾아라. 그가 네 마음의 소원을 이루
어주실 것이다. 시 37:4

chapter 2

헐, 결혼이
이런 의미였다고?
(1)

누나,
우선 결혼의 의미부터 정리하자.

성경 66권이 진리라고 믿는 크리스천들도
대부분 하나님께서 말씀하시는
결혼의 참된 의미를 모르더라고.

그럼 누나는 이렇게 묻겠지.
아직 연애도 시작 안 했는데
벌써부터 결혼이냐고.

맞아. 그렇게 생각할 수 있어.
그런데 더 대박인 게 뭔지 알아?

[순서]가 엄청 중요해.

성경에서 말하는 결혼의 참된 의미를 알아야

연애가 달라지거든.

존 파이퍼 목사님의 《결혼 신학》 내용이

좀 어려울 수 있으니 핵심만 말해줄게.

첫째, 결혼은 하나님이 하시는 일이다.

둘째, 결혼의 행위자는 하나님이시다.

셋째, (그래서) 결혼은 궁극적으로

　　　하나님의 영광을 드러내는 일이다.

끝. 책 한 권 다 읽음.

이게 정말 중요한 게

결혼의 본질을 싹 다 정리해주거든.

먼저 결혼은 인간이 만든 아이디어가 아니고

하나님이 첫 남자와 첫 여자를 창조하셨을 때부터

이미 '결혼'이라는 제도를 염두에 두셨다는 거야.

인간의 발명이 아니라 신의 선물이라는 거지.

그다음에 '행위자'라는 말이 좀 딱딱한데
쉽게 말하면 이거야.

우리는 결혼을 '내가' 해내는 거라고 생각하는데
그게 아니라는 거지.
남편과 아내가 한몸이 될 수 있는
영적·육체적 연합을 하나님이 이루신다는 거야.
즉 결혼을 만드신 하나님을 통해
결혼이 이루어진다는 거지.

마지막으로, 그래서 결혼은
하나님이 드러나실 뿐만 아니라
하나님의 영광이 드러나는 일이라는 거고.

이 세 이야기의 핵심은
모든 주인공이 '하나님'이시라는 거야.

엄청난 반전이지.
왜 우리의 자아를 하나님께 양도했다고 하면서도
결혼은 우리가 주인이 되려고 했을까?
내 생명과 영혼이 주님의 것이라면

내 연애와 결혼, 더 나아가
결혼 생활도 주님의 것인데 말이야.

난 이것이 엄청난 반전이자 희망이라고 생각해.
잊어버렸던 금고의 비밀번호를 발견한 느낌이랄까.

크리스천은 성경이 하나님의 말씀이며
진리 그 자체임을 믿고, 말씀을 따라 사는 삶이
인간의 가장 참되고 유일한 행복이라고
믿는 사람들이야.

창세기 말씀을 사실로 진리로 믿는다는 건,
하나님께서 남자와 여자를 창조하실 때부터
결혼이라는 선물을 계획하셨다는 것도 믿는 거지.

그래서 행복한 결혼을 위한 비밀번호도
오직 하나님께만 얻을 수 있음을 믿는 거고.

결혼이 갖는 이런 엄청난 비밀을 공유하려면
우선 두 사람이 하나님을 믿어야 해.
말씀을 '진짜'(사실, 진실 그리고 진리)로 믿어야 해.

이런 개념을 '말도 안 되는 헛소리'로
여기는 사람과 만나면
당연히 성격 차이가 아니라
영적 충돌이 생기게 되는 거지.
성경이 크리스천은 크리스천과 결혼하라고
말씀하신 이유가 바로 여기 있는 거고.

그런데 누나, 여기서 끝이 아니야.
결혼에 대한 엄청난 비밀이 하나 더 있어.

궁금하지.
궁금하면 500원.

그래서 여호와 하나님은 아담을 깊이 잠들게 하시고 그가 자고
있는 동안 그의 갈빗대 하나를 뽑아내고 그 자리를 대신 살로
채우셨다. 여호와 하나님이 아담에게서 뽑아낸 그 갈빗대로 여
자를 만드시고 그녀를 아담에게 데려오시자 아담이 이렇게 외쳤
다. "이는 내 뼈 중의 뼈요 살 중의 살이구나! 남자에게서 나왔
으니 이를 여자라고 부르리라." 그러므로 남자가 부모를 떠나
자기 아내와 합하여 두 사람이 한몸이 될 것이다. 창 2:21-24

chapter 3

헐, 결혼이
이런 의미였다고?
(2)

누나,
사랑이 뭐라고 생각해?

사람마다 그 의미가 다르겠지만
성경은 사랑을 [약속]이라고 말하고 있어.
결혼 역시 마찬가지지.

그런데 곰곰이 생각해봐.
약속이라는 말 자체에 서로 간 신뢰를 기반한
절제와 의무가 함축되어 있는데
이건 두 사람 모두 의지적으로
노력해야 하는 부분이거든.

평소 미디어가 보여주는
방종에 가까운 사랑에 대한 이미지와는 정반대지.
만약 내 심장이 하라는 대로
충실히 따르는 게 사랑이라면
상대 몰래 바람피우는 못된 인간들에게
대체 어떤 [기준]으로 "네가 잘못했어"라고
말할 수 있겠어.

이처럼 결혼은
두 사람이 서로에 대한
[사랑의 의무]에 충실하겠다는
약속의 다른 표현이야.

정말 근사하지 않아?
우리의 착각과 달리, 우아함과 고상함은
절제와 인내, 책임과 희생에서 피어나는 꽃이지
방종과 음란에서 피어나는 꽃이 아니라는 말씀!!

그런데 더욱 대박인 건,
우리의 이런 숭고한 결혼 관계 속에
하나님이 숨겨두신 신비가 서려있다는 거야.

자, 힌트를 줄게.

예수님은 신랑, 우리(크리스천)는 신부!!

(마 9:15, 25:1, 요 3:29)

신랑과 신부의 결혼과 부부의 한몸 됨이

예수님과 교회의 관계를 투영하고 있는 거지!!

누나!

무표정으로 눈만 껌뻑이지 말고

이런 부분에서는 소름이 좀 돋아야 해.

예전에 아이돌 가수 콘서트에서 소리 질렀던

샤우팅 데시벨까지도 안 바라….

하나님을 향한 적극적인 기쁨과 감사의 리액션!

그런 태도(attitude)가 누나의 입꼬리와 얼굴 톤을

더욱 화사하게 만들어줄 거야.

자… 여하간,

결혼에 관한 복음의 신비에 대해

짧고 굵게 알아봤어.

이쯤 되면 자연스럽게 이런 생각이 들 거야.

'음… 넌크리스천은 이런 내용을
전혀 인정하지 않겠네',
'넌크리스천 애인 또는 배우자와는
아예 말이 안 통하겠네.'

이런 걱정과 염려?!
댓츠 롸잇~

크리스천은 예수님의 죽으심과 부활하심으로
구원받고, 거듭난 사람들이야.
크리스천 간 결혼과 결혼 생활은
예수님과 교회의 관계를 투영하지.
더 나아가 우린 모두 '순결한 신부'로서
신랑 되신 예수님을 맞이할 그날을
고대하는 사람들인 거고.

이 엄청난 비밀은
'땅의 논리'나 '땅의 이성'으로
받아들일 수가 없는 문제지.
오직 은혜로 구원받은 사람들에게
믿음을 주셔야 하는 문제야.

크리스천은 '거듭난 논리', '거듭난 이성'으로
살아가는 사람들이니까.

너무 깊은 이야기로는 안 들어갈게.
딱 한 가지만 기억하자.

결혼의 [복음적 무게감]을 기억하기.

크리스천에게 결혼이란
내 생각보다 훨씬 더 아름답고 위대한
영적 비밀이 숨겨진 어마무시한 하나님의 축복
그 자체라는 사실을 잊지 말기.

자, 이제 결혼의 참된 의미에 대해 알아봤으니
다음 이야기는 쌀떡볶이를 먹으면서 해볼 거야.

왜 뜬금없이 쌀떡볶이냐고?
결혼과 쌀떡볶이 사이에
심오한 상관관계가 있냐고?

아니, 그냥 내가 지금 먹고 싶어.

참! 누나,

떡볶이에 후라이드 치킨이

은근 잘 어울리는 거 알지?

맵고 기름지니까 입속을 중화시킬(?)

어묵탕도 필요하겠다, 그치?

그럼 우선 나는 식탁 세팅하고 있을게.

누나는 배달 앱 켜서 주문하면 되겠다. 그치!?

그래서 성경에는 "사람이 부모를 떠나 자기 아내와 합하여 두 사람이 한몸이 될 것이다"라고 했습니다. 여기에는 깊은 뜻이 있습니다. 나는 그리스도와 교회와의 관계를 두고 말하는 것입니다. 그러므로 여러분도 각자 자기 아내를 자기 자신처럼 사랑하고 아내도 자기 남편을 존경하십시오. 엡 5:31-33

chapter 4

결혼 후,
부부간 성적 쾌감이 갖는
복음적 비밀

누나,

만약 진짜 진짜 중요한 이야기가 있는데

낯뜨겁고 민망하다는 이유로

덮어두기만 하면 어떻게 될까?

오히려 그것에 중요한 영적 비밀이 숨겨져 있는 만큼

악한 영이 그 비밀을 도용하고 왜곡해서

사람들을 하나님과 멀어지게 하는

미혹의 도구로 사용하지 않을까?

난 그 대표적인 이야기가 '성'(性)이라고 생각해.

모두가 관심 있는 주제인데

모두들 관심 없는 척하거든.

또 성에 관한 건 무조건 악하고 더럽고
피하고 반대해야 할 걸로만 말하면,
오히려 왜곡된 반동으로
심각한 부작용이 날 수도 있고 말이야.

성관계는 하지 말아야 할 죄악이 아니라
우리에게 주신 축복이야.
단, 거룩이라는 진리 [안에서] 누리는 축복이지.

존 파이퍼 목사님은
"성적 쾌감은 다가올 내세에
우리가 그리스도와 더불어 누리게 될
측량할 수 없는 기쁨의 영광을
나타내는 것"이라고 말했어.

대 to the 박!
나도 책 읽고 공부하기 전까지는
부부간 성적 교제와 성적 쾌감에
이런 영적 의미가 있는 줄은 꿈에도 몰랐어.

그런데 누나, 여기서 끝나는 게 아니야.

웨인 그루뎀 목사님은
"죄가 세상에 들어왔지만 결혼 내에서의 '성의 선함'을
파괴하지 않는다"라고 말했어.

성경은 여전히 결혼 내에서의 성에 대해
긍정적이며 심지어 기쁨을 주는 것으로 본다고 했지.

더 나아가 하나님은
둘이 한몸이 된 부부가 성관계를 계속 갖는 것이
"건강한 부부 관계의 중요한 부분"이라고
가르치셨다고 했어.

바로 그런 이유 때문에 사단은
"부부를 미혹해 정상적인 성관계를 가지지 않게 만들거나
실제로 갖지 못하게 하려 한다는 것을 보여"주는 거고.

이런 맥락에서
"결혼한 부부가 배우자와 성생활을 지속하는 것은
사단의 음모에 맞서 싸우는 한 가지 방법이고,
하나님이 우리로 하여금 시험을 이기게 하기 위해
제공해주신 하나의 보호 장치"라고까지 했지.

생각해봐.

부부간 신뢰를 저버리는 외도가 판치는 세상에

얼마나 아름다운 '복음적 가이드라인'인지!

결혼이 하나님의 영광을 위한 일이고

남편과 아내가 예수님과 교회를 상징하는

사랑의 영적인 관계라면

두 사람이 나누는 성적 교제와 친밀함은

하나님께서 주신 아름다운 축복인 거지!

정말 어메이징하지 않아?!

그런데 교회에서

이런 이야기를 해주지 않으면

많은 젊은 세대, 다음세대 크리스천 친구들이

오히려 잘못된 성 관념에 빠질 가능성이 엄청나게 커져.

사실 이미 그런 경향이

퍼질 대로 퍼진 것도 사실이지만

그럼에도 성경의 올바른 진리가

구체적이고 실질적으로 선포되고 교육될 때

거룩한 회개와 부흥이 시작될 수 있다고 봐.

갑자기 너무 거대담론이 되었나… ㅋ

여하간!! 우리가 놓치지 않아야 할

한 가지만 살펴보고 이 챕터를 마무리하자.

두 사람의 성관계와 성적 친밀감에 관해 말한

존 파이퍼 목사님과 웨인 그루뎀 목사님이

빼놓지 않고 강조하는 대전제가 있어.

누나도 이미 눈치챘지?

바로 '결혼 후, 부부간 성관계.'

이 모든 축복과 환희는 하나님께서

반드시 결혼 후, 부부에게만 허락하신 선물이라는 것!

진리 안에서의 자유가 거룩이라면

진리 밖 방임은 음란이라는 것!

사랑은 곧 약속이라는 사실을 잊지 말자구.

결혼 후, 배우자와만 성관계하는 것이

우리 인간에게도 좋은 이유는 다음 챕터에서 알려줄게.

팔로 팔로미~

"성욕은 잘못된 것이 아니고, 예수님도 그렇게 말씀하신다. 성욕에 대해 어떤 식으로든 나쁘게 말하는 것은 창조주와 그 창조주가 지으신 피조물의 온전함을 부정하는 것이다. 또한 성욕을 충족시키려는 것도 하나님이 그렇게 정하신 것이므로 잘못된 것이 아니다. … 잘못된 것은 결혼 외에서 이루어지는 성행위를 통해 성적 충동을 충족시키려는 가장 초기의 가장 원초적인 욕구다. 장차 배우자가 될 사람과 성행위를 하고 싶어 하는 것은 잘못된 것이 아니다. 그러나 하나님이 오직 특정한 한 남자와 한 여자를 위해 마련해 놓으신 '엄격하게 보호되고 하나님 자신이 세우신 성소' 밖에서의 성행위를 하고 싶어 하는 것은 잘못된 것이다. 성의 신성함을 더럽히는 온갖 악들이 그 원천인 그런 욕망에서 나온다."[2] **웨스트민스터 신학교 존 머레이 교수**

---

2   John Murray 《Principles of Conduct: Aspects of Biblical Ethics》,
    Eerdmans, 1957

chapter 5

결혼 전, 잠자리 상대가 많을수록
불행할 수밖에 없는 이유

ft. 속궁합이 중요하니 많이 만나보라는 말에 대한 논박

누나,
이제 우리가 '거룩'을 선택하는 게
우리에게도 좋을 수밖에 없는
현실적인 접근을 해볼 거야.

요즘 사회는 인기 예능 프로그램이나
영화·드라마뿐 아니라 특히 넷플릭스, 티빙, 웨이브,
쿠팡플레이 같은 OTT 미디어 플랫폼의 강세로
더욱 자극적인 미디어 콘텐츠가 범람하고 있잖아.

우리가 그 모든 걸
기민하게 분별하고 거절하지 않으면
나도 모르는 사이 내 잠재 의식에서부터

하나님이 기뻐하시지 않는 가치 기준이 세워져

결국 '거룩한 삶'을 트렌디하지 않은

촌스러운 삶으로 치부해버리거나

아예 복음적 삶을 부끄러워할 가능성이 커지게 돼.

한 예로 요즘은 '혼전 순결에 대한 지지'를 밝히면[3]

정말 이상한 취급을 받기 일쑤야.

그래서 크리스천 청년들도 이 문제를 등한시해버리거나

아예 성경을 등지고 세상 문화에 동화되어 버리지.

시대가 그만큼 달라졌다는 방증이라고 생각해.

물론 결코 긍정적인 의미는 아니지만 말이야.

성관계와 결혼에 대한

복음적·신학적 의미를 잊거나, 잃다 보니

젊은 층을 중심으로 '결혼보다 동거'가

합리적이라 생각하는, 반성경적 세속적 풍토가

---

[3] 비록 크리스천 본인이 혼전 순결을 지키지 못했다 하더라도, 혼전 순결에 대한 성경적·사회적 입장을 고수하는 것은 매우 중요해. 내가 무단횡단을 했다고 해서(또는 무단횡단을 하는 사람들이 많아졌다고 해서) 전국에 신호등이 필요 없는 것은 아니듯 말이야.

급속도로 퍼지는 건 아닐까 해.

사랑은 하고 싶은데 결혼'만' 하지 않는,

쾌감은 느끼고 싶은데 아기'만' 낳지 않는 것 말이야.

책임 없는 방임을 자유라고 착각하는

말세의 징조가 점점 짙어지는 거지….

잠깐만 누나,

서론부터 분위기가 너무 무거워지는데

이럴 땐 시원한 아이스 아메리카노에

따뜻한 뺑오쇼콜라를 뜯어먹으며

저녁 메뉴를 생각해보는 기분 전환이 좀 필요해.

일단 하던 얘기를 계속해볼게.

요지는 뭐냐면

'연애 = 성관계' 문화 안에서

결혼 전 잠자리 상대가 많을수록

우리가 마주하는 진실은

순간적 쾌락 뒤에 오는 장기적 불행이라는 거야.

적절한 예는 아니지만
자동차를 예로 들어볼게.

결혼은 내가 평생 한 자동차만 타는 거거든.
그런데 만약 결혼 전에
자전거도 타보고, 이륜 오토바이, 사륜 오토바이,
경차, 소형차, 중형차, 준대형 세단, 대형 세단,
소형·중형·대형 SUV, 하이브리드 전기차, 100퍼센트 전기차,
트럭, 승합차 등을 타본 경험이 있다고 생각해봐.

그럼 어떻게 되겠어?
내가 안 하려고 해도 당연히 뭐가 된다?
[비교]가 된다, 비교가.

세상은 "속궁합이 중요하다"라면서
최대한 여러 자동차를 타보고
나와 잘 맞는 차를 타야 한다고 말하지만
그건 결코 성경적 관점은 아니지. 4

---

4 또한 부부간 행복한 성관계는 '완성된 자동차'를 탄다는 개념보다 앞으로
두 사람이 평생 타게 될 자동차를 함께 만들어가는 개념과 더욱 가까워. 당
연히 부부간 인격적인 대화와 배려가 중요하겠지?

더군다나 인간은

비교 대상이 많으면 많을수록

가장 적절한 차를 한 대 골라

평생 그 차에 만족하는 존재가 아니라

슬금슬금 다른 곳에 눈을 돌리는 존재거든.

외도는 성적 불만족으로'만' 시작되는 게 아니라

새로운 만족, 다른 만족, 더 큰 만족이라는

제어되지 않는 죄 된 욕망 때문에 시작된다고 보는 게

더욱 합리적이고 성경적이라고 봐.

육체적으로나 정신적으로 비교 대상이 많을수록

그것을 바탕으로 가장 잘 맞는 사람을

고를 수 있다는 이야기는,

'인간은 평생 죄와 씨름하며 살아가는 존재'라는

영적 진리를 전혀 고려하지 않은

섣부른 접근 방식이라고 할 수 있어.

성경은 많은 사람을 만나 성관계를 가져본 뒤

결혼 상대를 선택하라고 하는 게 아니라

믿음과 희망, 거룩과 약속을 전제로

'그 사람'을 향한, '그 사람'을 위한
절제와 인내를 갖추라고 하잖아.

물론 처음 만난 사람과 무조건 결혼하라는 건 아니야.
그만큼 사랑을 대하는 우리의 태도에
[거룩한 진지함]을 갖추라는 거지.

자, 일단 다시 돌아와서
결혼 전에 이 남자, 저 여자와 경험이 많을수록
우리는 필히 현재 경험과 옛 (몸의) 기억을
비교할 수밖에 없고,
더 나은 성적인 이상을 추구하면 할수록
마치 목마른 사람이 바닷물을 마시는 것처럼
더욱 '그 무엇'에 대한 갈증에 허덕이게 된다고 생각해.

물론 이 차 말고, 다른 차도 타보고 싶다는
욕구와 상상까지는 어떻게 못하지.
우리 모두 인간이니까.

그런데 '네가 타고 싶으면 마음대로 타도 돼'라는
문화 속에서 진짜 여러 차를 타본 사람은

'평생 한 자동차만 타겠다'라는

영적·사회적 약속인 결혼 후에도,

과연 한 자동차로만 [온전한 만족]을 누릴 수 있을까?

실제로 시카고대학교에서 밝혀낸 연구 결과에 따르면,

신앙인이 결혼했을 때

최고의 성생활을 누리게 됨을 발견했는데

"그들은 더 자주, 만족스럽고

즐거운 성관계를 경험하며,

노년에 이르기까지 가장 오랜 세월 동안

성생활을 영위한"다고 해.

특히 이 연구는

"보수적이고 복음적인 개신교 신앙을 지닌 여자들이

가장 만족스러운 성생활을 영위하며

가장 많은 오르가즘을 경험한다고 응답한 것을 발견했"대.

"그중 32퍼센트가 성관계를 할 때마다

경험한다고 대답했"는데

"신앙이 없다고 응답한 여자들이

경험한 비율은 22퍼센트"라고 한 것과

유의미한 차이라고 볼 수 있는 수치야.[5]

또한 하버드대학교 보건대학원에서 실시한
2016년 연구도 주목할 필요가 있어.
"교회에 정기적으로 출석하는 사람들은
부부관계가 더 원만함을 발견했"고,
"특히 이혼할 가능성은 30퍼센트 내지
50퍼센트까지 낮았다"고 해.[6]
이건 크리스천 입장에선
아니, 종교를 떠나 사회적 차원에서도
절대 무시할 수 없는 엄청난 수치라고 생각해.

이를 통해 우린 두 가지를 알 수 있어.
첫째, (미혼 커플이 아닌) 결혼한 부부가
        가장 큰 성적인 만족을 얻는다.
둘째, 보수적이고 복음적인 개신교 신앙을 지니고
        교회에 정기적으로 출석하는 부부일수록

5   Walt Larimore 〈Poll Shows Sex within Marriage Is More Fulfilling〉,
    iMom
6   Tyler J. VanderWeele 〈Religious Service Attendance, Marriage, and
    Health〉, IFS

성적 만족을 얻을 가능성이 크며

이혼율 역시 획기적으로 낮다.

그런데 바로 그 (보수적이고 복음적인) 개신교인들이

진리라 믿고 따르는 성경에서는

혼전 순결 개념을 지지하고[7]

방탕한 성생활을 음란이라고 하며,

성도들은 음란에서 떠나 하나님과 함께

거룩한 삶을 영위하라고 말씀하고 있고.

쉽게 말해, 성경이 하라는 대로 하면

자다가도 떡을 얻는 수준이 아닌

평생 참 행복과 의미와 가치를 발견하며

진리 안에서 자유를 누리고 만족할 수 있다는 거야.

부부가 서로 하나님 안에서

'오직 한 자동차'를 운전한다면

---

7 웨인 그루뎀 목사님은 《기독교 윤리학》(하)에서 고린도전서 7장 9절 말씀을
   인용하며 "바울은 혼전 성관계를 가지려는 유혹을 피하려면 결혼해야" 한다
   고 했음을 밝혀. 이 말이 전제하는 것은 '혼전 성관계는 죄'라는 거야.

옛 연인과 비교할 것조차 없는 건 당연하고,
더 나아가 둘만의 이야기를 아름답게 만들며
행복한 결혼 생활을 하게 될 거야.

이쯤 되면 아마 이런 생각이 들 거야.
'너무 이상적인 이야기 아닌가?
요즘 혼전 순결 지키는 사람이 몇이나 된다고?',
'이런 이야기가 오히려
상대적 박탈감을 유발하는 꼴 아닌가?',
'결혼 전에 한 번도 하지 말라는 이야기보다
엄연한 현실을 인정하고 최대한 잘 적응하라는 말이
더 도움이 되지 않을까?'

그런데 누나, 반전이 뭔 줄 알아?
그걸 나도 안다는 거야….
그런 의견이 충분히 합리적으로 보이고
'요즘 사람들'에게 더 공감받을 수 있다는 걸 알아.

그런데 말이지, 누나.
그럼에도 하나님은 오늘도 여전히 살아계시거든(아멘!!!).
우리 삶의 가장 좋은 인생설명서는

살아계신 하나님의 말씀뿐이거든.

행복은 그분에게서만 찾을 수 있어.

아무도 신호를 지키는 않는다고,

무단횡단 하는 사람들이 이렇게나 많다고,

그러니 신호등 자체를 없애자고 해도

신호등이 있는 것과 아예 신호 체계를 없애는 건

본질부터 다른 거거든.

이번 챕터는 중요한 함의를 갖고 있는 주제라

이야기가 좀 거창해진 면이 없지 않은데

이 동생이 하는 말의 요지는

하나님을 믿고 따르는 크리스천들에게는

'성관계는 결혼 후, 배우자와만 하는 것'이라는

성경적 입장을 지지하고,

또 그렇게 살려고 노력하는 게 결코 비합리적이지 않고

오히려 참된 행복과 만족을 누릴 수 있는

영적 비밀이다! 라는 거야.

아이고, 주제가 주제인 만큼 말이 너무 많았어.

우리가 방금 아이스 아메리카노를 마셨기 때문에
국밥이나 탕·찌개 같은 국물 음식보다
족발이나 보쌈 같은 음식으로
저녁을 먹는 게 더 어울릴 것 같아.

응? 그럼 족발이랑 보쌈 중에 뭘 시켜야 하냐구?
아니, 왜 그런 고민을 하지?

난 둘 다.
매운 족발 커몬~

그러므로 누구든지 이런 것에서 자기를 깨끗하게 하면 그는 주
인이 온갖 좋은 일에 요긴하게 쓸 수 있는 귀하고 거룩한 그릇이
될 것입니다. 그대는 청년의 정욕을 피하고 주님을 깨끗한 마음
으로 부르는 사람들과 함께 의와 믿음과 사랑과 평화를 추구하
시오. 딤후 2:21,22

chapter 6

사귈 때마다
혼전 순결 여부를
확인하는 게 사랑일까?

누나,

이 주제 역시 아주 중요해.

특히 크리스천 성인 남녀가

아주 솔직해야 할 주제이기도 하지.

크리스천의 연애·결혼을 다룰 때 빠지지 않는 주제!!

바로 혼! 전! 순! 결!!

이야기를 본격적으로 시작하기 전에

먼저 우리가 겸허히 직면하고

인정해야 할 것이 있어.

결혼을 앞둔 현대인 크리스천들 중

'순결한' 사람이 과연 몇이나 될까?

성경적 기준(누구든지 정욕의 눈으로

여자를 바라보는 사람은 이미 마음으로

그녀와 간음하였다, 마 5:28)으로 생각할 때,

결혼 전 배우자 외의 사람과 성관계한 걸 포함하여

음란물 시청 및 자위, 19세 이상 관람가 영화 및 드라마,

이밖에도 여러 '성적 유혹의 신호'가 가득 담긴

뮤직비디오, SNS 게시물, 웹툰, (웹)소설,

나도 모르게 '음욕적인 마음을 품고'

바라봤던 사람들까지….

하나님과 예비 배우자 앞에서

이 모든 유혹을 굳게 참고 이겨낸 다음

"난 당당해"라고 말할 수 있는 사람이

누가 있겠냐는 거지.

물론 실제 혼전 성관계와 '기타 다른 음행'을

똑같은 선상에서 바라보는 건 아니야.

요지는 하나님이 죄의 경중과 유무를 체크하시는 기준은

사람의 생각과 항상 일치하는 건

아니라는 걸 잊지 말자는 거지.

우린 모두 비참한 죄인이야.

성적인 문제만 아니라 인생 모든 문제에서

거룩의 허들을 '단 하나도' 뛰어넘지 못한 죄인.

만약 결혼 전, 하나님과 예비 배우자 앞에서

"난 모든 유혹을 다 이겨낸 깨끗한 사람이다"라고

말하는 사람이 있다면

예수님 앞에서 "모든 율법을 다 지켰다"라고

말했던(마 19:20) 부자 청년의 교만함을

품고 있는 사람이 아닐까 해.

그러니 적어도 연애와 결혼 문제 앞에

예비 배우자를 대하는

크리스천의 기본적인 마음가짐은

첫째, '실제' 혼전 성관계와 '단지' 음란 행위를

　　　같은 선상에서 다룰 수는 없다.

둘째, 그러나 예수님의 기준에서는 후자도 '간음'이다.

셋째, 모든 사람은 죄의 문제에서 전부 다 실패했다.

즉 우리는 성적 순결 문제에 있어

나를 정죄하든, 남을 정죄하든

결국 이 모든 건 하나님께 해결 받아야 할

죄의 본능이자 흔적이라는 사실을

잊지 않는 게 중요하다고 봐.

특히 혼전 순결에 '성공'한 사람이

점점 더 줄고 있는 현대 사회에서

신앙생활을 하는 크리스천이면 더더욱 말이야.

그런데 간혹 남자 크리스천들 중

잘못된 율법주의에 경도되어

상대와 결혼을 진지하게 고려할 관계도 아닌데

마치 연애를 시작하기 전에

자신이 알아야 할 당연한 통과의례처럼

상대의 혼전 성관계 여부를 묻거나

또는 상대의 '과거'를 알기 전까지는

간이고 쓸개고 다 빼줄 듯하다가

과거를 안 후에는 배신감을 느꼈다며

이별을 통보하는 사람들이 꽤 있어.

이럴 경우, 이별 당한 상대는
이별의 원인과 책임이
마치 혼전 순결을 지키지 못한
자신에게만 있는 것 같은
자책과 죄의식에 빠질 수밖에 없지.

물론 관계 회복이 불가할 정도로
상대에 대한 신뢰에 금이 갔다면 어쩔 수 없지.
특히 이 문제는 예나 지금이나
도저히 '쿨하게' 넘어갈 문제는 아니니까 말이야.

하지만 생각해봐.
이런 결말만 정당하다고, 맞다고 한다면
과연 예수님의 용서의 사랑이 설 자리가 있을까?

사랑한다며?
죽을 만큼 사랑한다며?

그건 모든 걸 용서한다는 말이거든.
[사랑의 궁극은 용서와 희생]이니까.

생각해봐.

예수님은 내 과거를 알고 관계를 끊는 분이 아닌

내 모든 부족함을 다 아시면서도

나의 [모든 죄]를 용서하시고

나를 다시 새롭게 세우시는 분이잖아.

그런데 그분을 닮아가려는 우리가

사랑하는 상대를 '용서가 아닌 채점'의 결과로

대한다는 게 과연 복음적이냐는 거지.

감당이 안 되는 사람은 헤어지면 돼.

그러나 잊지 말아야 할 건,

언젠가는 내가 용서하지 못했던 상대의 허물보다

나 자신의 더 끔찍한 죄성과 마주하게 될 거라는 점.

스스로를 감당하지 못할 거라는 점.

결국 내가 그 사람을 용서하지 못한 것처럼

본인도 자신을 용서하지 못할 거라는 점….

내가 혼전 순결을 지켰다고

남도 당연히 지켜 냈어야만 하는

'강제적인 의무'가 있는 건 아니야.
함께 거룩해지길 바랄 순 있겠지만
왜 거룩하지 못했느냐고 타박하거나
관계를 정리하는 건 다른 문제라는 거지.

내 경건 훈련의 결과는
하나님 앞에 겸손과 감사가 되어야지,
남을 정죄하는 판단 기준이 되어서는
안 된다고 생각해.

하나님의 은혜를 자랑해야지
나의 공로를 자랑하면 안 되는 거잖아.

이쯤에서 다시 균형을 잡을게.
나는 (특히 요즘 시대에) 혼전 순결을 지켜낸
크리스천들의 거룩한 인내를
과소평가하거나 가치 절하하는 게 아니야.
또한 자신이 감당하지 못할 상황인데도
상대를 무조건 용서해야 한다는
강압적인 명령도 아니야.

다만 과연, 나는 예수님처럼
상대의 전인격을 사랑하는가
(또는 그렇게 사랑하려 진지하게 노력하는가)
아님 내가 납득할 수 있는 기준으로 상대를 시험하는가를
한 번쯤 진지하게 돌아볼 필요는 있다는 거야.

물론 커플마다 나름의 사정과 맥락이 있겠지만
난 이런 패턴과 풍토가 결코 건강한 건 아니라고 봐.

(중요하지만 그렇다고 절대적이진 않은)
특정 조건의 허들을 뛰어넘지 못했다는 이유로
사랑하는 사람과의 관계를 정리한다는 건
상대의 전인격을 사랑했다고 말하기엔
무리가 있는 건 아닌가 해.

물론 실제 결혼을 앞둔 커플이라면
결혼 전, 상대에 대해
제대로 알아야 할 내용이 있어.
몇몇 거짓말은 정당한 이혼 사유가
될 수도 있으니까.

그런데 난 개인적으로
혼전 순결 여부, 연애 횟수 등이
결혼 전, 상대에게 반드시 알아내야 할
내용인지 모르겠어.

일반적인 정서상 '이건 아니다' 싶은 경우나
또는 성매매 이력처럼 극단적인 경우가 아니라면
결혼 전, 상대의 옛 성 경험을 알게 되는 게
과연 두 사람에게 좋은 영향을 끼칠지
확신이 안 서는 게 사실이야.

사람이라는 게 내 의지와 상관없이
(부정적으로) 상상하게 되고
의심이 들고, 미움이 틈탈 수 있거든.
서로 관계가 소원해지거나
갈등의 골이 깊어질 때는 더더욱 말이야.

신앙이 전제된 인격적인 대화와 신뢰가 무르익고
당사자가 스스로 이야기를 꺼내는 맥락이 아니라면,
궁금하다고 물어보기보다 상대를 위해 기다려주고
때론 모른 척해주는 게 어떨까 싶어.

하물며 결혼을 전제로 사귀는 커플도
이렇게 조심하고 신중해야 할 주제인데,
막 연애를 시작한 커플이거나
아직 결혼 적령기가 아닌 커플은 말할 나위 없겠지?

마지막으로, 이런 유의 조언을 해주면
몇몇 사람들은 거짓말을 종용한다고 하더라고.
사랑한다면 당연히 알아야 할 내용을
감추거나 속이는 좋은 명분을
제공한다는 식으로 말이야.

물론 거짓말을 하면 안 되지.
거짓말을 해도 된다는 식의
명분을 제공해도 안 되고.

다만 난, 사랑하는 사람에게
사랑하기 때문에 서로에게 솔직해야 한다는 명분으로
상대의 과거 죄의 유무를 묻는 마음의 동기가
자기애에 기반한 이기성의 발현일 수도 있다는
가능성을 제기하는 거야.

더 나아가

예수님이 우릴 택하시고 사랑하셨을 때는

그런 식으로 사랑하지 않으셨다는 걸 강조하는 거고.

그러니 두 사람의 사랑의 격을

보다 높이고 싶다면

적어도 이 주제만큼은

내가 사랑하는 사람이 혹여 거짓말을 할

상황 자체를 만들지 않도록

배려하는 건 어떨까 싶어.

사실 이 주제는 커플마다

상황과 맥락이 각기 달라서

일률적으로 정답을 말할 문제는 아니야.

다만 숲을 보는 관점에서

'크리스천이라면 이래야 하는 게 아닐까' 하는

대략의 복음적 가이드라인이랄까?

후-

힘들다, 힘들어.

마음이 이렇게 텁텁할 땐
시원한 물냉면에 숯불(소)고기 커몬.

다음 주제는 더 무거울 수 있으니까
마음 단디 먹자고.

아님 누나.
물냉 곱빼기, 비냉 곱빼기 해서
나눠 먹을래?

오케이,
눈빛만 봐도 누나의 의사를 알 수 있어.

물냉 비냉 숯불(소)고기, 된장찌개,
옛날도시락, 계란찜, 콜라 2병 고고.

그래도 그들이 계속해서 질문을 하자 예수님은 일어나 "너희 가
운데 죄 없는 사람이 먼저 그 여자를 돌로 쳐라" 하시고 다시 몸
을 굽혀 땅바닥에 무엇인가 계속 쓰셨다. 예수님의 말씀을 듣고
그들은 양심의 가책을 받아 나이 많은 사람으로부터 시작하여
하나씩 둘씩 모두 가버리고 예수님과 거기에 서있는 여자만 남

왔다. 예수님께서 일어나 그 여자에게 "그들이 어디 있느냐? 너를 죄인 취급한 사람은 없느냐?" 하고 물으시자 그녀는 "주님, 없습니다" 하고 대답하였다. 그때 예수님은 "그렇다면 나도 너를 죄인 취급하지 않겠다. 가서 다시는 죄를 짓지 말아라" 하고 말씀하셨다. 요 8:7-11

chapter 7

혼전 순결을 잃었다는
죄책의 구렁텅이에서
수년째 자책하는 것에 관하여

누나,

이번에도 조금은 무거운 주제야.

하지만 크리스천의 연애·결혼에 있어

한 번은 꼭 넘어야 할 언덕이라고 생각해줘.

실제로 이 챕터의 제목과 같은 문제로

힘들어하는 크리스천이 의외로 많다는 점.

죄에 민감하려 노력하는,

즉 마음이 청결하기 위해 애쓰는 크리스천일수록

이 문제로 과도하게 힘들어한다는 걸 고려하자고.

인디언들은 양심이 삼각형이라고 생각했대.

처음에는 잘못을 하면 그 삼각형의 뾰족한 꼭지점이

마음을 찔러 크게 괴로워하고 회개하고 돌이키지만
잘못을 하면 할수록 삼각형의 꼭지점이 닳고 무뎌져
나중에는 양심이 그만 원이 된다는 거야.

일리가 있는 이야기라고 생각해.
성경에서도 악한 행동을 하는 죄인들은
하나님을 알면서도 악행을 멈추지 않아
[마음이 어두워졌고]
하나님은 그들이 마음의 정욕대로 추잡하게 살도록
[내버려 두셨다고] 했으니까(롬 1:18-24).

왜 이 이야기를 하냐면
영혼의 거룩과 경건을 위해 애쓰는 사람일수록
자신이 지은 죄를 크고 선명하게 인지하기 때문이야.

쉽게 말해 영성이 깊은 사람일수록
마음속 성령님의 꾸중과 탄식, 슬픔에
더욱 기민하게 반응하기 때문에
그에 따른 회개도 진중하고 무거울 수밖에 없어.
그럼 죄 용서함의 은혜 역시 크고 깊게 느끼기에
거룩의 선순환 구조 안에서 나날이 영성이 깊어지는 거지.

그런데 이건 어느 정도 인생을 살아보고
불가항력적인 고통의 연단도 경험해본
믿음의 어른들에 해당하는 이야기야.

물론 영성의 나이가 꼭 육체적 나이와
정비례하는 건 아니지만
그럼에도 인간은 시공간 안에 있기 때문에
나이와 경험이 영성에 영향을 미치는 것도 사실이거든.

그렇기에 청소년, 청년들이 혼전 순결을 잃어
크게 후회하고 자책한다고 해서
마치 자신의 영성이 매우 뛰어나다고 예단하면 안 돼.
물론 아예 영적 양심이 무뎌진 사람보다
훌륭한 건 사실이지만
자칫 큰 자책감은 '자기의'라는
율법적인 우월감으로 변질될 수 있어.

깊기 때문에 크게 느끼는 것과
처음이기 때문에 크게 느끼는 건
전혀 다른 영역이야.

애초에 깊은 영성이었다면

[은혜]의 본질도 잘 알기 때문에

이미 죄 사함 받은 내용으로

수년 동안 죄책의 구덩이에서

빠져나오지 못할 이유가 없고 말이야.

하나님의 은혜란 뭘까.

값없이 단번에 죄를 용서해주심.

일흔 번씩 일곱 번 끝까지 용서해주심.

나를 의롭다고 칭하심을 믿는 믿음을 부어주심.

의로운 사람이라고 선언하신 대로 될 수 있도록

언제나 나와 동행하며 임마누엘의 새 힘을 부어주심.

자의든 타의든 무지했든 알면서도 넘어졌든

혼전 순결을 잃었다는 건

음란의 영역에서 죄가 맞아.

그러나 예수님의 보혈의 능력은

마음을 찢는 회개를 통해(욜 2:13)

아무리 붉은 죄도 양털같이

희게 하신다는 것 역시 잊으면 안 돼(사 1:18).

나의 죄를 상한 마음으로

겸손하게 뉘우치며 회개하면(시 51:17)

하나님께서는 내 죄를 기억지도 않으신다는 것을

믿어야 해(사 43:25).

하나님께서는 분명히 약속하셨고 선언하셨어.

겸손한 마음으로 크게 뉘우치며 내 말을

두렵게 여기는 자에게 은혜를 베푸시고(사 66:2)

우리의 모든 허물을 덮어주셨다는 걸 말이야(시 85:2).

이걸 믿어야 해.

믿어지는 은혜를 부어달라고

하나님을 붙잡고 기도해야 해.

그 은혜가 머리에서 가슴으로 스며들어야 해.

이게 영성이고

이게 믿음이야.

자신이 통회하는 마음으로 간절히 회개했다면

언제나 신실하게 용서해주시는

그분의 은혜를 믿어야 해.

이미 용서해주신 죄를 붙들고 계속해서
용서해달라고, 자신을 더럽다고 책망하는 건
오히려 하나님의 은혜의 능력을
믿지 않는 꼴이 아닐까?

죄 된 기억을 아예 없애버릴 수는 없지만
굳이 스스로 그 기억을 되뇌며
수년째 죄책의 구렁텅이에서 자책하고 있다면
그건 영혼의 자해 아닐까?
사단이 바로 그걸 원했던 건 아닐까?

누나도 이제 점점 감이 올 거야.
이건 비단 혼전 순결 문제뿐만 아니라
내 마음에 깊게 뿌리내린 사단의 쓴 뿌리,
그 자체에 대한 이야기라는 걸,
부활이며 생명 자체이신 예수님이(요 11:25)
사망 권세를 이기신 승리의 대선포에 대한
이야기라는 걸 말이야.

'잘못된 자책'에 **빠진** 사람일수록
자신이 잘 지키고 있다고 생각하는

종교적 행위에 대한 과도한 자부심이나
그에 따른 보상 심리가 클 가능성이 많아.

그런 마음은 곧
타인을 평가하고 판단하는 기준이 되어
만약 타인이 자신이 (겨우) 뛰어넘은 허들을 못 넘으면
그를 질책하거나 비판, 비방할 가능성이 커.

예를 들어 여전히 음란물 시청과
자위 중독에 허우적대고 있는데
단지 아직까지 성관계'만' 안 했다고
혼전 순결을 지키지 못한 연인에게
'엄청난 배신감'에 휩싸여
강한 분노를 표출하거나 비판하는 경우 말이야.

아니면 정반대의 경우도 생각할 수 있어.
과도한 죄책으로 인해 성령의 자존감이 크게 훼손되어
상대의 강압과 질책, 비판과 비방을
거절하거나 정리하지 못하고
'맞아. 난 이런 취급을 받아도 싼 사람이야'라고 여기며
자신을 방치해버릴 수도 있지.

하지만 어떤 경우라도 옳지 않아.

자신의 죄책의 열매를 봐.

내 마음의 은혜와 평강이 소멸되고

영혼의 존귀가 파괴되는 건

결코 바람직한 죄책이 아니야.

예수님 이름의 능력으로 담대히 선포하고

악한 영의 역사를 쫓아내지 않으면

결국 그 죄책은 나와 너를 다치게 할 거야.

누나, 무엇이 믿음일까?

한 번도 안 넘어지는 것도 믿음이지만

백 번 넘어져도 백 한 번 다시 일어나는 것도

믿음이라고 생각해.

세상 사람들이

예수님 이름의 능력으로 용서해주시는

회개의 능력을 비아냥댄다 할지라도

우리의 죄를 씻겨주시는 그 이름의 능력은

결코 축소되거나 약화되지 않아.

어제나 오늘이나 죄를 용서받는 방법은
오직 예수님 피의 능력밖에 없어.

사단이 우리 인간을 왜 그렇게 싫어하고 증오할까?
회개의 은혜 때문 아닐까?
사단 자신은 '단 한 번도' 용서받지 못했는데
우리는 [끝까지] 용서해주시는 그 위대한 은혜를
얼마나 분히 여기고 시기하겠어.
죽도록 미워하니까 정말로 죽이려 드는 거지.
그러니 참 회개의 능력과 그에 따른 은혜의 기쁨을
어떻게든 차단하려고 하는 걸 거야….

그러니 우리는 계속 죄를 기억하고
묵상하고 괴로워할 게 아니라
바로 그 죄의 문제를 단번에, 영원히 해결하신
예수님의 부활의 능력을 찬양해야 해!

땅의 죄책에서 하늘의 기쁨을!
메마른 사막에서 영원한 샘물이!!
고민과 슬픔이 컸던 만큼
복음의 기쁨이 충만하기를!

이것이 죽음을 이기신 십자가의 능력,

복음의 역전 아니겠어!?

이 무겁고 어두운 주제를

이토록 멋지게 승리케 하신 주님이 얼마나 멋지신지!

누나!

당장 하나님의 영광을 찬양하자!

함께 이 기쁨을 나누자!

오늘 같은 날은 근사한 안심 스테이크에

바비큐 백립 900그램 정도는 와구와구 뜯어줘야지!

마무리로 집에 오는 길에

편의점에서 캔디바 하나씩 사서

입안을 상큼하게 중화(?)시켜 주면 끝!

어때, 누나.

완벽해.

당장 출발하자고.

아, 박스 티에 고무줄 바지로 갈아입으삼.

이건 전쟁이니까.

하나님이시여, 주의 한결같은 사랑으로 나를 불쌍히 여기시며 주의 크신 자비로 내 죄의 얼룩을 지워주소서. 나의 모든 죄악을 씻어주시며 나를 죄에서 깨끗하게 하소서. 나는 내 잘못을 인정하며 항상 내 죄를 의식하고 있습니다. 내가 오직 주에게만 범죄하여 이런 끔찍한 일을 하였습니다. 주께서 이 모든 것을 다 보셨으니 주의 말씀은 옳고 주의 심판은 정당합니다. 나는 태어날 때부터 죄인이었으며 우리 어머니가 나를 밴 순간부터 죄성을 지니고 있었습니다. 주는 중심에 진실을 원하십니다. 내 마음 깊은 곳에 지혜를 가르치소서. 우슬초로 나를 정결하게 하소서. 내가 깨끗할 것입니다. 나를 씻기소서. 내가 눈보다 희게 될 것입니다. 내가 즐겁고 기쁜 소리를 듣게 하소서. 비록 주께서 나를 꺾어 벌하셨으나 내가 기쁨을 되찾을 것입니다. 내 죄에서 주의 얼굴을 돌리시고 나의 모든 죄를 씻어주소서. 하나님이시여, 내 속에 깨끗한 마음을 창조하시고 내 안에 확고한 정신을 새롭게 하소서. 시 51:1-10

chapter 8

같은 듯 다른
'복음적 독신'과 비혼주의
한 방에 정리하기

누나,
예수님은 우리 사회에
점점 더 비혼주의를 외치는 사람이
많아질 걸 아셨을까, 모르셨을까?

당연히 아셨지.
그분은 신이시니까.

예수님이 마지막 때가 가까우면 가까울수록
이렇게 될 거라고 말씀하신 내용이 있는데,
그중에서 우리가 주목해야 할 부분이 있어.

딱 두 구절만 보자.

하나, "악이 점점 더하므로 많은 사람들의 사랑이
　　　식어질 것이다"(마 24:12).
둘, "그때에는 사람들이 자기를 사랑하고
　　돈을 사랑하며…"(딤후 3:2).

주목해야 할 건,
많은 사람의 사랑이 식어지는 한편
자기를 사랑하는 마음은 더 커진다는 거야.

쉽게 말해 이타적인 사랑은 식고
나'만' 사랑하는 자기 애착은 강해질 거라는 거지.
그런데 중요한 건 성경은 이런 현상을
[악]으로 규정하고 있다는 거야.

예수님을 사랑하는 믿음 생활을 방해하는
사단의 가장 큰 무기가 뭘까?
바로 [나 자신]이야.
하나님 없는 자기만족, 자아실현, 자존심 등
내 '자아'가 가장 큰 우상이지.

성경은 결혼과 관련해 두 가지를 추천해.

결혼을 하든지, 독신으로 살든지.

한 가지 분명하게 짚고 넘어가야 할 건,

성경은 독신'도' 장려한다는 거야 (고전 7:26-38).

그런데 그 이유가 중요해.

'하나님을 위한' 독신인 거지.

실제로 기도원 같은 곳을 가보면

평생 독신으로 주를 위해 섬기는 분들이 계셔.

어른들이 말씀하시길 그것도 은사라고 하더라고.

독신의 은사.

독신도 분명한 하나님의 콜링과

은혜가 있어야 한다고 봐.

물론 주제가 주제인 만큼

독신의 은사 유무 판단 여부는

하나님 안에서 본인이 가장 잘 알겠지?

결정과 실천도 철저히 본인 몫이고 말이야.

가장 중요한 건,

복음적 독신은 하나님을 위한 것이며

그분이 기뻐하시는 믿음의 행위라는 거지.

존 파이퍼 목사님은 《결혼 신학》에서
"하나님이 그리스도 안에서 독신으로 살아가는 분들에게
결혼과 자녀의 복보다 더 나은 복들을 약속하신다"라고,

"그리스도께 속한 독신으로 지내는 것은
하나님이 정하신 최선의 삶에
미치지 못하는 것이 아"니라고,
"오히려 그것은 많은 사람들을 불러서 걷게 하시는 길로,
언약을 지키며 그리스도를 높이는 통로가"
된다고 선언했어.

우리의 결혼이 '사본'이라면
예수님과 교회의 연합이 '원본'이라는 의미에서
우리가 간과하기 쉬운 매우 중요한 선포를 하셨지.
(독신에 대해 진지하게 고민한다면 《결혼 신학》의
해당 챕터를 읽어보는 걸 추천해.)

다시 한번 강조하지만
성경은 결혼과 독신을 둘 다 장려하고 있어.
오직 주의 영광을 위한다는
'반석 같은 전제'에서 말이야.

그런데 비혼은 좀 달라.

비혼을 결심하는 여러 이유가 있겠지만

본질적으로는 '하나님을 위해'가 아닌,

'나를 위해' 즉 나를 위한 선택이라는 점이

복음적 독신과 비혼의 가장 큰 차이점이라 할 수 있어.

내가 불쌍해서, 내가 편하자고,

내게 맞는 것 같으니까

결혼을 거절하는 선택의 대전제가

'나'라는 이야기지.

하지만 내 미래의 길을 인도하는 주체는

내가 아니라 하나님이야.

내 자아를 하나님께 양도했다는 말뜻이 바로 이것이지.

만약 나보다 날 더 잘 아시는 주님이

[선한 모양으로] 날 부르시고 인도하시는

그분의 계획 속에 '결혼'이 예비되어 있다면

남자든, 여자든

우리는 그 부르심에 순종해야 하지 않을까.

그럼 아마 이런 반박이 나올 수 있어.
요즘 같은 시대에 무슨 말 하는 거냐고,
하다 하다 하기 싫다는 '내 결혼'까지도
하나님에게 순종해야 하는 거냐고.
그게 '사랑의 하나님'의 뜻이냐고.
숨 막혀서 못 살겠다고.

우선 넌크리스천은 차치하자.
아직 그들은 자기 인생의 주인이 자기라고 생각하니
다른 각도에서 더 길고 입체적인 설명이 필요하거든.

성경을 진리로 믿고 따르는
크리스천으로 한정해서 말해볼게.

앞서 말한 '부르심'이란 강제 또는 강압이 아니야.
하나님께서는 우리의 자유의지를 건드리지 않으시거든.
하물며 그분을 거절하는 자유까지 간섭하지 않으시지.

요지는 신께서 인간을 사랑하셔서
인간을 위해 주신 신적 제도가 '결혼'인데
내 자의적인 판단으로

아예 결혼에 대한 가능성을 스스로 잘라버리고

그것도 모자라 결혼이라는 제도 자체를

사회적으로 청산해야 할 옛 구습으로 보는 태도가

과연 성경적이냐는 거야.

결혼을 하지 않으려는 가장 큰 이유가 뭘까?

행복하고 싶어서 아닐까?

바꿔 말하면, 불행하기 싫어서일 거고.

그럼 도대체 행복이라는 게 뭘까?

회사 그만둬도 먹고살 수 있을 정도로 큰돈을 버는 거?

비트코인, 주식이 대박 나는 거?

호캉스 가서 업로드한 사진이

추천 알고리즘에 떠서 '좋아요' 2만 개 받아

각종 광고 문의 들어오는

인플루언서의 삶이 시작되는 거?

아니면 그저 소소하게 퇴근 후

시원한 생맥주와 치킨 또는 엽떡 먹으며

유튜브 보는 거? 넷플릭스 미드 몰아보는 거?

친구들과 게임하는 거?

키우고 있는 반려동물과만 좋은 시간 보내는 거?

그냥 큰 욕심 없이

소모적인 걱정이나 고통의 소용돌이 피하면서

담백하게 사는 거?

음…

크리스천의 관점에서 그런 것들을

왜 '인본주의적'이라고 이야기하냐면

자기 삶에 대한 가장 소소한 바람에

하나님의 위대한 소명과 사명이

전혀 스며들어 있지 않기 때문이야.

자신이 내리는 [행복]이라는 정의에

정작 하나님의 관심, 고민, 비전이 하나도 없다는 거지.

큰 야망이든 소소한 바람이든

결국 내 소원을 이룰 수 있는 매개가

다 '돈'으로 해결되고 귀결된다면

그건 결국 나를 위해 사는 거거든.

성경은 하나님과 돈을

동시에 섬길 수 없다고(사랑할 수 없다고)

아예 못박아 놓으셨고(마 6:24)

돈을 사랑하는 건

온갖 악의 뿌리라고도 하셨어(딤전 6:10).

사실 우리는 예수님이 싫은 게 아니야.

[제자]처럼 사는 게 싫은 거야.

하지만 예수님을 만나면 제자처럼 살 수밖에 없거든.

이게 문제(?)가 되는 거지.

복음이 주는 유익과 자유는 누리고 싶은데

십자가 사랑을 만난 사람들이 지는

[복음적 책무]는 부담스러운 거야.

집세, 각종 대출 상환금,

고정지출비 등의 물질적 스트레스,

취업, 연봉, 진급 등의 생계 및 직무 스트레스,

직장동료, 친구, 가족에게 받는

인간적 스트레스도 이겨내기 바쁜데

하나님나라와 의를 위해 살라는

제자의 삶, 사명자의 삶이 너무 버거운 거지.

교회는 다니는데 신앙인처럼 살기는 싫은 거야.

연애와 결혼 문제까지 주님을 초대해서

내 인생 '그런 인생'으로 '희생'하며 살기가 싫은 거고.

하지만 그냥 소소하게만 살고 싶다는

그 '가장 인간적인 바람'이

가장 인본주의적 관점이거든….

결혼이라는 선물을 짐으로 여기는 거지.

행복을 히브리어로 '심하'(simcha)라고 한대.

하나님의 뜻에 따라

올바른 행동을 하는 걸 의미하는데

쉽게 말해, 우리에게 행복은

[하나님께 순종]하는 것이라는 뜻이야.

하나님을 위한 독신이든,

하나님을 위한 결혼이든

(앞서 말한 결혼의 참 의미를 잊지 마)

부르신 모양대로 순종하는 것,

그게 우리의 참 행복이라고 생각해.

스스로 갖가지 이유를 들어 결혼하지 않겠다고
미리 자기신념화할 필요는 없다는 거지.

크리스천이라면,
오히려 그런 마음을 품고 있는
자신의 (결함 있는) 기독교 세계관을
차분히 돌아보는 게 어떨까 해.

비혼 문제는 아마 마지막 때가 다가올수록
더 뜨거운 이슈가 될 거야.

그만큼 결혼과 가정이 담고 있는
성경적 의미와 하늘의 비밀이 커서
반성경적인 문화일수록
'결혼 빼고 다 해'라는 트렌드가
점점 주류가 될 것이기 때문이야.

그래서 예수님을 사랑하고, 믿음을 지키고,
하나님의 비전을 꿈꾸는 크리스천 청년이라면
남자 여자 할 것 없이 반드시 마주하고 극복하고
정리해야 할 주제가 바로 비혼, 비혼주의야.

이런 의미에서 크리스천의 결혼은

이 시대를 향한 매우 중요한 영적 선포야.

꼭 지키고 계승해야 할 '믿음의 유산'이지.

요즘 우리 시대는

크리스천에게 결혼을 '어떻게' 해야 하는지가 아닌,

크리스천이 결혼을 '왜' 해야 하는지를 설명해야 하는

조금은 슬픈 시대이지만

그럼에도 누나와 이런 이야기를 나눌 수 있다는 게

얼마나 감사한지 몰라.

하나님을 위한 독신과

인본주의적 비혼주의를 비교 설명하다 보니

또 자연스럽게 결혼의 중요성을 강조하게 됐어.

이번에도 본의 아니게 결혼에 대한

중요하고 무거운 주제만 다루다 보니

분위기가 진중해졌는데

이쯤에서 딸기빙수로

정서적 환기를 할 필요가 있겠지?

누나, 의외로 딸기빙수랑 떡볶이랑 핫도그가
잘 어울리는 거 알아?

우리에겐 '단짠'만 있는 게 아니라
'차뜨'도 있다는 사실을 잊지 마.

딸기빙수 서너 스푼으로
입안과 머리부터 가슴까지 확 상큼해지면
핫도그에 매콤한 떡볶이 소스를 찍어서
앙 하고 먹는 거야.

그 뒤에 맛있는 떡볶이를 먹고,
핫도그 한 입 다시 앙.
그다음 다시 딸기빙수 호로록.

핫도그는 거들 뿐.
뭔 말인지 느낌 알지?

자, 누나! 마지막으로
딸기빙수 먹으러 가기 전에
주요 포인트를 복습해볼까.

성경은 (하나님을 위한)
결혼과 독신 모두 추천한다!

비혼의 본질은 인본주의적 '자기애'다!
내가 생각하는 행복이 아닌
하나님께서 말씀하신 '참 행복'을 믿고 걸어가기!

한마디로 올바른 기독교 세계관으로
'나를 위한 비혼'에서 돌아서기!!

오케이.
백 점 만점에 백 점.
딸기빙수에 멜론빙수, 인절미빙수, 눈꽃빙수까지 고고.

메뉴가 너무 많아 남기면 어떡하느냐고?
돈 워리 시스터.

아내를 부르면 돼.
누나는 거들 뿐.

"이 약속에는 그에 따른 독특한 소명과 독특한 책임이 따라옵니다. 그것은 30대가 되어서도 무책임한 사춘기적 삶을 이어가라는 소명이 아닙니다. 그것은 그리스도께 속한 독신 남녀들만이 할 수 있는 일, 즉 그리스도를 높이는 일에 여러분의 독신으로서의 삶을 헌신함으로써 그리스도와 그의 나라에 대한 진리를 드러내는 일을 하라는 소명입니다. ··· 결혼에는 독신 생활에 없는, 그리스도를 영화롭게 할 수 있는 결혼만의 독특한 잠재력이 있습니다. 독신 생활에는 결혼에 없는, 그리스도를 영화롭게 할 수 있는 독신 생활만의 독특한 잠재력이 있습니다. 그리스도를 높이는 결혼의 드라마를 통해 그리고 동일하게 그리스도를 높이는 독신 생활의 드라마를 통해 하나님께서 영광 받으시기를." **존 파이퍼 《결혼 신학》 146, 147쪽**

성경적 연애관!?
크리스천은
이렇게 연애해야 한다!

chapter 1

남자를 만나려면
집 밖으로 나가야 해!

누나,

내가 퀴즈 하나 낼게, 정답을 맞춰봐.

하나님이 기뻐하시는 '좋은 믿음'이란?

1번, 감나무 밑에 앉아서 감이 떨어질 때까지

　　　입 벌리고 기다리는 것.

2번, 감나무에 올라가서 감을 직접 따는 것.

헷갈려? 알겠어.

그럼 다른 예시를 들어볼게.

1번, 하나님께서 골리앗을 죽이실 때까지

　　　가만히 서서 기다리는 것.

2번, 하나님의 영광을 위해 골리앗 이마 정중앙을 향해
        있는 힘껏 물맷돌을 날리는 것.

몇 번!? 당연히 2번!!

그럼 누나,
하나님이 기뻐하시는 연애도 하고,
결혼도 하려면 계속 집에만 있어야 할까,
당장 집 밖으로 나가야 할까?

누나가 열심히 기도하기만 하면
숍에서 풀 세팅한 훈남이
갑자기 현관문 열고 들어와서
무릎 꿇고 프러포즈한 다음
누나를 번쩍 들고 신혼집을 보러 나갈까,
아니면 지금 당장 누나가 손에 들고 있는
허니버터 치킨윙을 내려놓고
집 밖으로 나가야 할까?

댓츠 롸잇.
나가야지, 구해야지, 찾아야지.

누나가 사랑의 문을 두드려야지(마 7:7)!!!

응? 막상 어딜 가야 하는 거냐고?

티타늄 자전거 동호회, 주짓수 동호회,
축구 또는 야구 동호회, 한강 러너 동호회,
테니스 동호회, 2030 등산 동호회, 주식 동호회!??
아니요~

물론 예비 배우자를
어디서 어떻게 만날지 모르기에
모든 가능성은 열어놔야 해.

하지만 우리가 [먼저] 갈 곳,
되도록 머물러야 할 곳이 따로 있어.
바로 [교회적 공간].
Yeah~

교회적 공간이란 복음적 가치가 서려있는
온·오프라인 모든 '기독교적 공간'을 의미해.
우리 교회 청년부 모임,

사람들이 모이는 찬양팀 찬양예배,
(건강한) 기도회, 회사 신우회,
크리스천이 주류인 각종 동호회,
크리스천끼리 만나는 소개팅 또는 맞선 등
어디든 누나가 편하게
복음적인 이야기를 나눌 수 있는 곳이지!

응?
그럼 그냥 '자기 교회 청년부'라고
해도 되는 걸 왜 군이
'기독교적 공간'이라고 하냐고?

아이고 누나,
누나는 청년부가 활성화된 교회를
다니고 있어서 모르겠지만
지금 대다수의 교회들은
청년부가 아예 없어지기 직전이거나
남녀 성비 불균형이 심각해.

또 같은 교회에 다닌다고
무조건 그 사람과 결혼하라는 법이 있나.

교회에 가만히 앉아있다가

집에서 가만히 치킨 뜯다가

1년이 2년 되고, 2년이 5년 되고

그러다 정수리 새치는 늘어가고

집에서 혼자 염색하고 머리 헹구다

허리 삐끗해 파스 붙여야 하는데

팔이 닿지 않아 끙끙대는

전신거울 속 '이모'를 마주하게 된다고.

물론, 대학생들은 가만히 있어도

해마다 새 사람들이 알아서 들어오잖아.

다른 사람과 이야기 나눠볼 가능성도 크고 말이야.

그런데 취업 또는 창업하고 나서가 문제지.

'사회인'이 되고부터는

새로운 사람을 만나는 것도 [일]이거든 일.

내가 가만히 있어도

주변 사람들이 알아서 바뀌는 환경은

대학교 또는 취업 관련 학원이 마지막이니까.

'사회인'이 되고부터는
새로운 사람이 있을 법한 곳을
본인이 알아서 찾아야 해.
부지런하면서 신중해야 하지.

이쯤 되면 이런 논박이 나와.
하나님이 이미 내 짝을 예비하셨는데
내가 '하나님의 계획'을 신뢰하지 못하고
열심히 찾아 나서는 게
자칫 그분을 향한 불신 아니냐고.

물론 우리는 하나님의 뜻과 계획을
신뢰하고 기다려야 해.
그런데 그 기다림이 집 안,
침대와 소파에서 스마트폰만 쳐다보며
허송세월 보내는 게 아니라

다윗이 하프 연주 고급반 수업도 이수하고,
때마다 크리스천 싱어송라이터 들판 버스킹도 하고,
가끔씩(?) 양 스틸 하는 사자나 곰에게 달려가
정의 구현도 한 것처럼

누나의 일상 가운데

오직 하나님의 영광을 위해서 할 수 있는 것들을

열심히 하면서 기다리는 거야.

적극적인 활동력과 실천력은 기본 중의 기본!

내 욕구 충족, 자아 만족, 자존심 유지 때문에

이성을 찾아 헤매는 게 아니라

오직 하나님의 영광을 위한 내 [신앙 여정] 가운데

연애와 결혼이라는 성경적 전제와 균형이 잡혀있는

열심과 문 두드림이 중요해.

그 믿음의 노력과 실천을

기독교적 공간에서 해야 한다는 거고.

어때 누나, 조금씩 감이 와?

응? 알긴 알겠는데

'기독교적 공간'에서 새 인연을 만나라는 말이

추상적이고 비현실적으로 다가온다고?

와우, 언빌리버블!

좋아. 그럼 좀 더 설명을 해줄게.
일단 그 허니버터 치킨윙부터 내려놔….
얘기 집중해서 듣는 척하면서
윙 3개 더 뜯어먹은 거 다 카운팅 했다.

이제 슬슬 연애·결혼 실전 편으로 나아가려면
운동과 식단 조절도 병행해야지.

응? 그럼 그동안
왜 그렇게 음식을 먹인 거냐고?

오우, 시스터.
그야 내.가. 배고팠으니까.
2명이 음식 3개 시키면 좀 더 자연스러우니까.

이왕 말이 나왔으니 동네 빵집에 가서
피자빵이랑 딸기우유 하나 사오자고.
이런 환상적인 메뉴 조합이
다~ 누나 예비 배우자와의
데이트 노하우 전수라고.

유 노?

좋아, 렛츠 기릿!!

구하라. 그러면 받을 것이다. 찾아라. 그러면 찾을 것이다. 문을 두드려라. 그러면 열릴 것이다. 누구든지 구하는 사람은 받을 것이며 찾는 사람은 찾을 것이요 두드리는 사람에게는 열릴 것이다. 너희 중에 자기 아들이 빵을 달라는데 돌을 주며 생선을 달라는데 뱀을 줄 사람이 있겠느냐? 악한 사람이라도 자기 자녀에게는 좋은 선물을 줄 줄 아는데 하물며 하늘에 계신 너희 아버지께서 구하는 사람에게 더 좋은 것을 주시지 않겠느냐? 마 7:7-11

chapter 2

'요즘 같은 시대에'
도대체 어디서, 어떻게
크리스천 이성을 만나나

ft. 청년부가 활성화된 교회 출석 긍정론

누나,

크리스천은 크리스천과

연애하고 결혼해야 하는데

막상 내가 다니는 교회에

청년이 없다면 어떻게 해야 할까?

당연히 크리스천 청년들이

있을 법한 장소로 가야겠지?

그런데 그곳이 어딜까?

또 어떻게 검증할 수 있을까?

자칫 교회 밖 '기독교적 모임'에서

비진리를 전하거나 믿는 사람을 만날 수 있기 때문에

진리를 품고 있는 우리는

항상 기민한 영적 긴장감을 갖고

신앙생활을 해야 하거든.

그런데 바로 여기서

크리스천 청년들의 운신의 폭이 확! 좁아져.

그래서 어떻게든 '기독교적 공간'을

찾으려면 찾을 수야 있겠지만

서울·수도권이 아닐 경우는 그마저도 쉽지 않지.

크리스천 데이트 앱은

장단점과 호불호가 명확해서

근본적인 해결책이 되기는 힘들고,

차라리 교회분들이나 지인에게

크리스천 이성 소개를 부탁하는 게 좋은데

사람 소개해주는 게 은근히

엄청 신경 쓰이고 조심스럽다 보니

이마저도 단발적인 경우가 많아.

또 외부 찬양예배나 기도회 같은 곳은

사람을 만나는 것보다
예배와 기도에 힘쓰러 가는 자리라
모르는 사람과 이야기를 나눌
적절한 장소도 아니고 말이야.

한마디로 미혼 크리스천 청년들은
여러모로 고립되는 거야.

'난 크리스천과 만날 거야!'라는
강한 의지가 없는 이상
자연스럽게 넌크리스천과 만나게 되고
그렇게 만난 사람과 세계관 충돌,
영적 충돌을 견디고 이겨내지 못해
점점 믿음이 마모되거나 유실된 청년들이
교회 생활을 멀리하는 일도 부지기수지.

그럼 이 총체적 난국 속에
우린 도대체 어쩌란 말인가!!
솔루션도 없이
이거 하지 마라, 저것도 하지 마라,
'하나님 다 알아서 해주신다' 하며

교회 문만 처다보고 있으면
이성이 알아서 들어오냐고오!!

후…
매운 떡볶이에 이삭토스트에
시원한 탄산수 한 잔 땡기는구만….

누나, 사실은 말이야.
내게 한 가지 유력한 아이디어가 있긴 한데
대외적으로 말하기엔 좀 예민한 내용이라
고민 중이었거든.

그런데 이게 웬일!
나랑 엇비슷한 생각을 가진
복음주의 사역자가 있는 거야.
대 to the 박.
바로 《연애학교》의 저자 게리 토마스야.
그가 이렇게 말했어.

"결혼이 인류의 대사라면
그 대사에 착수할 기회가 더 많은

교회에 가는 것은 좋은 일이다."
"그보다 못한 이유로도 사람들은
교회를 선택하곤" 한다고 말이지.

구직자가 직장을 얻기 위해
취업 박람회에 가듯,
크리스천 배우자를 찾는 사람이
크리스천 청년이 많은 곳에 가는 건
당연하다는 거지.

와우! 우리는 직관적으로
두 가지 감정을 느낄 거야.
하나는 '너무 속 시원해', 또 하나는
'헐~ (일리 있긴 한데) 이렇게 말해도 되나?'
하는 마음.
두 반응의 공통점은
일단 저 내용에 일정량 동의한다는 거야.

단, 청년부가 위태로운 교회들은
더 힘든 상황에 직면할 테지만!

하지만 상황이 안 좋아지는데도
나무를 보는 관점만 붙잡고 있는 건
숲 전체를 볼 땐 바람직하지 않다고 봐.

하… 참, 여러모로 가슴 아픈 현실이지.
그래도 차악이 아닌 차선이라는 걸로 위안 삼자고.

다시 본론으로 돌아와서
현재 크리스천 청년들이 크리스천 배우자를
건강하게 찾을 수 있는 장소는 바로
[청년부가 활성화된 교회]야.

가장 이상적인 형태는
두 남녀가 '건강한 교회 청년부'에서 만나
연애하고 결혼해서, 그 교회에서 온 가족이
신앙생활을 지속하는 거지.

어느 한 건강한 교회는
교회에 그런 커플과 가정이 많아서
지혜로운 노하우와 가이드라인이 있다고 해.

만일 마음에 드는 청년이 있으면
직접 연락하는 게 아니라
반드시 목사님을 통해 상대 동의를 얻은 후
연락처를 얻고 교제를 시작하는 거야.

만약 목사님이 보실 때
연락처를 요구하는 교회 청년이
건강하지 못한 동기라고 판단된다면
복음적으로 지도해주시기도 하고 말이야.

비록 교회 청년들이라 해도
충분히 감정적이고 충동적일 수 있기 때문에
이러한 목사님의 영적 지도는 꼭 필요해.

물론 그럼에도 남자와 여자가 만나는 일이라
예상치 못한 일이 발생할 수도 있지만
교회가 성령충만하고, 성도가 성령충만하면
전반적으로 안전하고 유익한 신앙생활과 동시에
남녀의 만남에 좋은 울타리가 되어줄 수 있어.

그러니 크리스천 청년들은
'내가 교회에 다니면서 너무 이성에만 집착하나…?'
하는 생각을 내려놓자고.
교회 밖에서 넌크리스천을 만나는 것보다
좋은 교회에서 크리스천을 만나는 게
백배 천배 옳고 좋은 거니까.

그저 마음의 중심이 말씀 중심의 예배와
영적 성장에서 크게 벗어나지 않는다면,
교회 내 갖가지 활동에
좋은 마음으로 열심히 참여하면서
자연스럽게 열리는 관심과 만남을
긍정적인 축복의 통로로 여기는 게 어떨까 싶어.

자자, 누나
정리를 하자면!

기독교적 공간이란
크리스천 청년들이 있는 공간이고,
건강한 크리스천 청년들이 있는 공간은
건강한 크리스천 청년부가 활성화된

신본주의·복음주의 교회이고,

그래서 여러모로 안전하고 건강하고

유익한 인간관계를 구축하고

그 안에서 축복된 썸과 쌈(?)을 타려면!?

교회 활동을 적극적으로 하자~ 이거야.

또 그 과정에서 내가 마음 가는(감동이 오는)

활동을 통해 내 사명과 소명을 알아가는

깨달음도 얻을 수 있고 말이야.

이런 의미에서 꼭 교회뿐만 아니라

북한 사역, 미혼모·고아 사역 등

자신이 마음 가는 선교단체를 섬겨도 좋아.

핵심은 뭐다!?

집 밖으로 나가서~

교회 중심의 교회적 활동에 매진하자!!

집에서 혼자 스마트폰 보면서 치킨 뜯는 것보다

교회 활동 열심히 하고 교회 친구들과 함께

치킨 뜯는 게 훨씬 낫잖아? 그렇지!?

쓥.
나도 이제 누나를 교회 친구들에게
떠나보낼 마음의 준비를 해야겠구만.

우리의 남매애(男妹愛)는 특별했다지.

오순도순 모듬 순대 쌈장 찍어 한입에 넣고
곧바로 돼지국밥 얼큰한 국물로 감칠맛을 더하고
입가심으로 부산 밀면, 김치전 하나 시켜
사이좋게 나눠 먹은 남매애. 크….

국밥집 옆 편의점에서 상큼한 폴라포 하나 물고
대화하며 집에 걸어왔던 바로 그 남매애…!!

하지만 누나의 미래를 위해
교회와 미래의 썸남에게 양보할게.
누나!!! 가서 잘해야 해 ㅠㅠ

다른 사람과 같이 먹을 땐
항상 고기를 구워주는 사람이어야 하고,
마지막 고기 한 점은 상대에게 양보하고.

교회에 올인하는 성령충만한 우리 누나!

하나님께서 반드시 누나 인생을 붙잡아 주실 거야!

자, 누나 얼른 나갈 채비해.

순대국밥집 가야 해.

웅? 이제 놓아주는 거 아니었냐고?

당연히 아니지, 누나.

아직 몇 챕터 남았는걸?!

그리고 난 여전히 배고픈걸? ㅋ

허리 업, 시스터.

오늘은 내가 쏜다. 컴온!!

어떤 여자들은 이 부분에서 신중을 기한다. 남자 쪽에서 먼저
다가오는 게 옳다는 생각에서다(그렇게 생각할 만한 충분한 이
유가 있다). 지금 내가 하는 말은 그 경우와도 상충되지 않는
다. 그런데 당신은 남자들이 다가올 만한 상황 속에 있는가? 남
자들의 눈에 띨 만한 곳에 있는가? 누군가의 마음속에 입력되
기 위해 당신이 할 수 있는 일이 있는가? … 내 친구 스티브 와
터즈가 지혜로운 말을 했다. "결혼을 잘한 사람들은 애정운

이 좋아서가 아니라 의지적으로 그 길을 갔기 때문이다." 사랑에 게으른 그리스도인이 너무 많다. 그들은 자신의 나태함을 하나님으로 때우려 한다. … (또한) 결혼을 추구하는 것은 선하고 거룩한 일이지만, 그것이 가장 중요한 추구가 되어서는 안 된다. 성경에 명한 대로 우리가 먼저 구해야 할 것은 하나님 나라이지 결혼이 아니다. 그러므로 당신의 신앙과 예배와 섬김을 제쳐놓지 말라. 배우자를 얻은 뒤에 그것들을 다시 찾으면 된다고 생각하지 마라. 게리 토마스 《연애학교》 121-125쪽 부분 발췌

그리고 서로 격려하여 사랑과 선한 일을 위해 힘쓰도록 하십시오. 어떤 사람들의 습관과 같이 모이기를 중단하지 말고 서로 격려하여 주님이 오실 날이 가까울수록 더욱 모이는 일에 힘씁시다. 히 10:24,25

chapter 3

MBTI는 진리가 아니야!

ft. 크리스천에게 심리학이란?

누나,
크리스천은 심리학을
어떻게 바라봐야 할까?

이번 챕터에서는 심리학에 관한 이야기와
'MBTI'를 다뤄볼까 해.

응? 왜 갑자기 심리학에 MBTI냐고?

그거야 성경을 진리로 믿는다는
대다수의 크리스천조차
성경보다 심리학을, 성경보다 MBTI를
[더 믿기] 때문이야.

집 밖으로 나가서
운동을 하든, 교회 모임을 가든
적극적인 활동을 하라고 하면
나는 'E'(외향형)가 아니고
'I'(내향형)라서 안 된대.

오 마이 갓.

내게 능력 주시는 분 안에서
모든 것을 할 수 있다(빌 4:13)가 아니라
'나는 원래 이래서… 저래서…' 하면서
하나님이 날 부르신 뜻을
스스로 제약하고 잘라버리는 꼴이야.

하나님을 위해 자기부인하고 순종하며
믿음의 여정을 떠나는 게 아니라
사람이 만든 이론으로
자기 주위에 작은 원을 하나 그리더니
그 원 밖으로 나가면 마치 큰일 나는 것처럼,
잘못되는 것처럼, 불행인 것처럼,
'나답지 않은' 것처럼 여기는데

그 자체가 성경보다 사람이 만든 이론과 검사를
지나치게 맹신하는 것 아닐까?

자칫 미혹의 결과를 내 성격으로 착각하는
자기정당화, 자기합리화가 아닐까?

크리스천이라면 한 번쯤은 이 문제에 대해
매우 진지하게 자신을 점검해야 해.

물론 심리학과 MBTI가
하나부터 열까지 다 유해하다는 게 아니야.
실제로 전문적인 심리 검사와 상담은
우리 신앙·사회·부부 생활 등에
큰 유익과 도움을 주기도 해.
다만 성경적인 관점이
[전제]되어야 한다는 거지.

특히 젊은 세대일수록
성경 읽는 문화가 아니다 보니
'말씀에 자신을 비춰본다'라는 뜻 자체를
모르는 친구들이 정말 많거든.

'종교는 종교, 심리학은 심리학'이라는
이분법의 벽을 반드시 허물어야 해.

더 나아가
만약 그 이론을 만든 사람이
예수님을 왕으로 모시기는커녕
오히려 반기독교적인 생각이 가득한 사람이라면
더더욱 성경적인 비판 의식이 필요하겠지?

이번 내용은 주제가 주제인 만큼
조금 딱딱하고 어렵게 느낄 수 있어.
그래도 현대인 크리스천이
[반드시] 알아야 할 내용이야.

그러니 누나도
입에는 써도 몸에는 좋은 약이라고
생각하고 끝까지 경청해줘.

알 유 레디!?
오케이 레츠고!

심리학의 아버지라 불리는

지그문트 프로이트는 이렇게 주장했어.

'종교는 아동기에 겪는 신경증의 일종이며

이 신경증을 극복해야 한다'라고 말이야.

그는 성경이 말하는

거룩과 절제의 개념과는 정반대로

성적인 방종(음란)을 '행복'이라 주장했지.

실제로 프로이트는

환자들의 사례에 대한 기재 사항을 위조하기도 했고,

처제와 성관계를 맺었으며,

코카인 중독으로 하루 20개씩 시가를 피웠고,

구강암에 걸려 30번이나 수술을 하다가

주치의가 주사한 헤로인 과다 투여로 죽음을 맞이했어.

오히려 프로이트가 신경증 환자 같은

느낌이 든다면 무리인 걸까?

세계적 석학이자 하버드대학교 심리학 교수

스티븐 핑커는 프로이트의 선정적인 주장들,

예를 들어 어릴 적 남자아이가
자신의 반대 성(性)인 어머니를 사랑하게 된다는,
그래서 아버지를 적대시하고
적개심을 느낀다는 등의 내용은
과학적으로 수용할 수 없다고 평가했어.

프로이트가 연구한 모든 연구를 다 부정하는 건
자칫 '사회과학' 그 자체를 부정하는
극단적인 근본주의로 빠질 수 있어.

하지만 그의 세계관이 철저히
반기독교적이었다는 것도 잊으면 안 되겠지?

게다가 요즘 심리학 주류는 프로이트 가설이 아닌
"뇌과학에 기초한 신경정신의학과 인지심리학"
이라고 하니[8] '프로이트적인' 주장은

---

8 이 분야 역시 무신론·유물론·진화론으로 보면 안 되겠지? 크리스천으로서
'과학'을 어떻게 바라봐야 할지 궁금하다면 영국 옥스퍼드대학교 수학과 명
예교수이자 세계적인 기독교 변증가인 존 레녹스의 《과학은 모든 것을 설명
할 수 있을까?》를 추천해. J. P. 모어랜드의 《과학, 과학주의 그리고 기독교》,
알리스터 맥그래스의 《지성적 회심》도 읽어보길 권해.

비과학적·반기독교적인 요소가 많으므로
분별하고 비판하는 자세가 필요하겠지?

그럼 이제 MBTI를 살펴보자고.

MBTI는 칼 구스타브 융의 '심리유형론'을
기반으로 만든 성격유형검사인데
여기서 융의 이야기가 아주 흥미(?)로워.

융은 "정신분석을 영성과 융합한 사람"으로 유명한데
하나님 대신 '뉴미나'에 대해 이야기하는 걸 좋아했대. [9]
융이 만든 심리학 개념은
"하나님은 선한 동시에 악하며, 인간은 선과 악의 연합,
즉 상반되는 반쪽들 간의 결혼"이라는
관점을 포용하고 있다고 해.
마틴 부버는 융의 심리학을
새로운 "사이비 종교적 영지주의"라고 이야기했지.

---

[9] 뉴미나란 "로마시대의 이교도 용어로 나무, 돌, 황제, 우주, 심지어 융 심리
학 이론의 원형에서 나타나는 비특징적 신성의 존재를 암시하는 단어"라고
해. 잘 이해가 안 될 수 있는데, 그 기초가 비성경적이라는 것만 기억해도 좋
을 것 같아.

더 기가 막힌 건, 융은 예수님을
철저히 거부하며 이렇게 말했다고 해.

"주 예수는 나에게 실제라고 느껴진 적이 없었고,
한 번도 받아들여질 만하지도 않았으며,
사랑할 만하지도 않았다.
계속해서 나는 예수와 대응되는 지하세계의 남근신,
내가 한 번도 찾은 적이 없지만
나에게 무서운 계시로 나타난 그 신을 생각했다."

여기서도 마찬가지로
MBTI 검사표 전체가 틀렸다고 하기에는
큰 무리가 있을 수 있지만[10]
MBTI 검사표의 이론적 토대가 된
'심리유형론'을 개발한 융이라는 사람의 세계관이

---

10 MBTI(Myers-Briggs Type Indicator, 마이어브릭스 유형지표)는 캐서린 브릭스
와 이사벨 마이어스 모녀가 개발한 성격유형검사야. 대중의 인식과 달리
MBTI 검사가 갖는 한계와 단점, 그럼에도 유용한 점 등을 알고 싶다면 박
철용의 《MBTI의 의미》를 추천해. 대부분의 사람들이 MBTI를 왜곡되게 알
고 있는데 더 나아가 아예 그 결과를 맹신하고 있다면 스스로 얼마나 마이
너스겠어. 성경보다 MBTI를 신봉하는 크리스천들은 하나님 앞에 얼마나
큰 실수를 저지르는 거겠어…!

당황스러울 정도로 '반기독교적'인 것만은 사실이야.

프로이트든, 융이든
그들이 말한 내용도 내용이지만
그들의 '반기독교적 세계관'에
주목할 필요가 있어.

누나, 상식적으로 생각해봐.
창세기 1장 1절을 믿지 않는 걸 넘어
강하게 부정하는 사람들이
과연 인간의 심리를 잘 분석할 수 있을까?

성경에 나온 '인간상' 자체를 부인하는 사람이
어떻게 인간 심리와 행동의 기원을 찾을 수 있겠어.

하나만 예로 들자면, 인간의 마음과 행동은
하나님으로부터 오는 에너지인 '은혜' 또는
악한 영으로부터 오는 에너지인 '미혹과 유혹'에
직·간접적인 영향을 받아.
우리는 영혼이 있는 영적 존재니까.

더 나아가서 우리는

영적 DNA에 새겨진 원죄성 때문에

오직 하나님의 은혜가 아니고서는

언제나 악한 영의 [지배]를 받고 있거든.

달리 표현하자면

예수님을 믿지 않는다면

'(언제나) 죄의 종' 된 존재지(롬 6:16).

인간은 죄에 끌려가는 중이거나

하나님 편에서 치열하게

영적 싸움을 벌이거나 둘 중 하나야.

하나님과 천사, 사단과 귀신,

천국과 지옥은 [실재]야.

촌스러운 흑백논리가 아닌

우주를 관통하는 영적 진실이지.

그런데 이토록 중요한 대전제를

인정하지 않는 사람이 어떻게 사람의 심리와

행동의 기저를 설명할 수 있겠어.

어떻게 성경을 진리라 고백하는 크리스천이

'진리를 벗어난 과학(또는 망상)'을

말씀보다 더 신뢰할 수 있겠어···.[11]

하나님을 사랑하는 크리스천은

온갖 심리학 가설과 MBTI 검사 결과가

자칫 자기부인적 순종을 거부하는

'인본주의적인 좋은 명분'이

될 수 있다는 걸 잊으면 안 돼.

요즘 MBTI 검사가 너무 유행이라

조금만 더 설명을 할게.

MBTI는 세상에는 본질적으로 다른

16종류의 사람(만)이 있다고 주장하고,

---

[11] 과학을 전부 부정해서는 안 돼. 다만 기독교 세계관 안에서 올바른 '과학'
과 '과학주의'를 분별해야 해. 내가 앞서 추천한 책을 읽다 보면 이해에 도
움이 될 거야. 고대·중세·근대 과학은 기독교를 빼고는 이야기할 수가 없
어. 더 나아가 현대에도 훌륭한 크리스천 과학자가 많다는 걸 기억하기!
스튜어트 리치의 《사이언스 픽션》은 넌크리스천이 쓴 책이지만 현대 과학
의 심각한 문제점을 '과학적 팩트'로 폭로하는 책이라 현대 과학에 대한 균
형 잡힌 시각을 견지하는 데 도움이 될 거야.

"유형과 유형 사이에 있는 중간적인 사람들은

자기 이해가 모자라거나 발달이 덜 된 사람으로 여"겨.

얼핏 봐도 상식적이지 않지. [12]

우리는 종종 "난 E야!", "난 I야!"라고

단정 짓는데 하물며 융조차 이렇게 말했어.

"외향형도 아닌, 내향형도 아닌 세 번째 그룹이 있다. (…)

사실, 외향형이나 내향형보다

이 세 번째 그룹에 속하는 사람의 수가 더 많다. (…)

'보통 사람들'은 정의상 내부세계와

외부세계의 영향을 비슷하게 받는다.

이들은 광범위한 중간 영역을 이룬다."

얼마나 화끈거리는 말이야….

또 한 가지 중요한 사실은

MBTI 검사를 하는 '현재 나' 자신이

---

[12] 여기서 더 들어가면 '유형론'과 '특질론'을 알아야 하는데 그것까지 다루진 않을게.

성령충만한 상태가 아닌 죄로 혼탁한 상태라면
'난 원래 이런 사람이야'라고 선택한 항목들
그리고 그에 따른 결괏값은
'진짜 나'가 아닌 '진짜 나라고 착각하는 나'를
반영할 뿐임을 반드시 기억해야 해.

이런 사실을 잊게 되면
MBTI 검사가 오히려 왜곡된 자아상을
고착화하는 데 일조할 수 있어.
자칫 본인의 잠재력과
무궁무진한 미래 가능성을
단번에 차단하는 꼴이 될 수도 있는 거지.

'지금의 나'를 설명하는 (불완전한) 검사지가
'미래의 나'를 단정 짓고 구속하는
사단의 덫이 되면 안 되겠지!?

이쯤에서 이런 반론을 제기할 수도 있어.
그래도 우린 다 각자의 개성이 있고
기질이 있는 것 아니냐고.

맞아, 누나!

우리 모두 개성이 있고 기질이 있어.

하나님은 로봇이 아닌 인간을 창조하셨으니까!

그런데 중요한 사실은

진짜 나다운 개성을 어떻게 찾고,

어떻게 발현할 수 있냐는 거야.

오직 하나님 안에서 내 자아가 죽고

예수님을 믿는 믿음 안에서(갈 2:20)

성령충만한 삶을 살 때

[진짜 나]를 마주할 수 있어.

'홍대병', '보헤미안병'에 걸려

성경을 떠난 방임적 삶이 개성이 아니라는 거지.

하나님이 창조하신 원래의 나, [진짜 개성]은

오직 그분 안에서만 온전히 찾을 수 있고 발현돼.

이런 의미에서

예수님을 닮아가려는 거룩과 경건의 훈련이

곧 개성의 발견과 발현이라고 할 수 있겠지!?

응? 뭐라고 누나?

너무 숨이 턱턱 막힌다고? ㅋㅋ

지금은 그렇게 느낄 수 있어.

하지만 잊지 말자고.

하나님께서는 인간의 자유의지를

건드리지 않으셔.

우리를 얼마나 존중하시냐면

하물며 하나님을 거절하는 자유의지도

건드리지 않으시지.

하나님을 위한 삶도

그분께 혼날까 봐 벌벌 떨면서

억지로 선택하는 게 아니라

[그 사랑]을 맛보고 깨달은 사람들이

기꺼이 기쁨으로 순종하는 거야.

물론 때로는 마지못해 순종할 때도 있어.

하지만 시간이 흘러 깨닫게 되지.

'당시에는 이해하지 못했지만
하나님은 언제나 나를
최선의 길로만 인도하셨구나!'

그러니 누나, 이제
'난 이런 유형이라 안 돼. 아니 못 해!'가 아니라
'그래, 한번 도전하는 거야!'라는 마음으로
방콕 생활을 청산하고
러닝화 당당히 신고
한강을 뛰어야겠어, 안 뛰어야겠어?

응? 이해는 됐는데
왜 꼭 뛰어야 하냐고?

맞아, 누나.
꼭 한강을 달릴 필요는 없어.
누나가 하고 싶은 활동을 하면 돼!

하나님의 나라와 그의 의를 구하기 위한(마 6:33)
능동적인 에너지가 발산된다면 무엇이든 좋아.

단, 그 활동으로 예배자의 일상성이 깨질 만큼
주객이 전도되면 안 되겠지?
참 자유는 예수님의 진리 안에서'만'
존재한다는 것(요 8:32) 잊지 말기!

와우.
누나, 이번에도 큰 언덕 하나 잘 넘었다!

이쯤 되면 음식 이야기가 나와야 하는데
왜 안 나오는 걸까?

짜파게티 맛있게 끓여서 호로록 먹고 난 뒤
찬밥 비벼서 신김치에 딱! 먹고
얼음 동동 띄운 콜라 한 모금 딱! 마시면
기가 막힐 텐데 말이야!!

하지만 누나… 일단 뛰자….
뛰고 먹자, 마이 시스터.

아니다.
오늘은 모처럼 한강에 돗자리 깔고

노을 지는 하늘을 보며
라면 호로록에 마늘 소시지 먹는 거야!!

정제된 밀가루 음식에 가공육이라니
영양학적으로는 최악의 조합이지만…!!

잊지 마, 누나.
한강에서 먹는 건 0칼로리,
노을 보며 먹는 건 보약이라는 걸….

얼른 러닝화 신자.

팔로팔로미.

내 아들아, 네가 내 말을 듣고 내 명령을 소중히 여기며 지혜로운
말에 귀를 기울이고 그것을 이해하려고 노력하여라. 네가 지식을
추구하고 깨달음을 얻고자 애쓰며 그것을 은이나 숨겨진 보물을
찾는 것처럼 찾고 구하면 여호와를 두려워하는 것이 무엇인지 깨
닫게 되고 하나님에 대한 지식도 얻게 될 것이다. 이것은 여호와
께서 지혜를 주시며 지식과 깨달음도 그에게서 나오기 때문이다.
… 너는 마음을 다하여 여호와를 신뢰하고 네 지식을 의지하지

말아라. 너는 모든 일에 여호와를 인정하라. 그러면 그가 너에게 바른길을 보이실 것이다. 스스로 지혜롭다고 생각하지 말아라. 너는 여호와를 두려워하고 악을 피하라. 이것에 너에게 좋은 약이 되어 너의 몸과 마음을 건강하게 할 것이다. 잠 2:1-6, 3:5-8

chapter 4

"교회 다닌다는 남자도 똑같더라"에 대한 복음적 논박

ft. '교회 오빠' 장단점 심층 분석

누나, 이번에는
'교회 오빠'에 대한 이야기를 해볼 거야.

교회 오빠의 대중적 이미지는
긍정적인 의미로 쓰이는 경우가 많아.

뽀얀 피부에 감미로운 목소리,
귀티 나는 브라운 가디건에 듬직한 어깨 라인,
선한 미소와 몸에 밴 매너와 젠틀,
거기다 통기타까지 메면 금상첨화!!

그. 러. 나.
정작 교회 오빠랑 연애해본 크리스천 여성들은

오히려 교회 다니는 남자에
학을 떼는 경우가 정말 많아.
예를 들어 이런 거지.

'사귀어 보니 교회 오빠가 더하더라',
'본인이 잘못해놓고 뭐만 하면
하나님 이야기로 퉁(?)치려고 하더라',
'주위에 교회 여자가 많다 보니
큐티한다고 하면서 바람을 피우더라',
'당연한 잘못을 지적하면 또 하나님 운운하더라',
'나한테 대하는 모습과 교회 사람들 앞에서
보이는 모습의 간극이 너무 커서
내 신앙심까지 흔들리더라' 등등.

이것을 그냥 가볍게 넘길 수가 없는 게
실제로 크리스천 남성과 헤어지고
교회를 옮기거나 아예 발길을 끊는
크리스천 여성이 매우 많아.

문제는 그 과정에서
하나님을 향한 믿음 자체가 식거나

그 남자 개인의 인격적 결함에

교회와 기독교를 투영해서

그로 인한 상처와 실망감이

교회와 기독교 전체를 향한

적대감·증오감으로 바뀌는

사례도 적지 않거든.

설상가상으로 만약에 그 상대와

혼전 성관계까지 한 경우라면

영혼의 상처가 더 깊어지는 건 당연지사고,

아예 임신까지 했다면…

원치 않는 낙태까지 하게 됐다면…!

정말 심각한 문제가 되는 거지.

극단적인 예를 들면서

공포심을 자극하는 게 아니야.

한국보건사회연구원 자료에 따르면,

2018년에 15-44세 한국 여성 1만 명을 조사했는데

임신 경험이 있는 여성 5명 중 1명은

낙태 수술 경험이 있다고 해.[13]

누나도 알다시피 우리나라는

OECD 국가 중 수년째 낙태율 1위인데

도대체 얼마나 많은 태아가

[단지 배 속에 있다는 이유만으로]

생명을 잃는지 정확한 통계조차 내지 못하고 있어.[14]

1부에서 이야기했던 결혼과 성관계가 갖는

신앙적·신학적 의미를 기억해봐.

크리스천 남녀가 사귄다,

혼전 성관계를 '연애'의 일환으로 여긴다,

---

[13] 전체 응답자 중 인공임신중절(낙태) 경험 여성은 약 7.6퍼센트(성 경험 여성의 10.3퍼센트, 임신 경험 여성의 19.9퍼센트)이고, 인공임신중절 당시의 혼인 상태는 미혼 46.9퍼센트, 법률혼 37.9퍼센트, 사실혼·동거 13퍼센트, 별거·이혼·사별 2.2퍼센트로 나타났어. 조사 항목이 갖는 특성상 실제 비율은 더 높을 가능성을 감안한다면 결코 가볍게 넘길 사안은 아니라고 생각해. 가장 시급한 건 크리스천 청년들의 성경적 성 가치관 교육이겠고.

[14] 2017년 1월, 대한산부인과의사회 국회 토론회 발표에 의하면 우리나라는 연간 110만여 건의 낙태가 이뤄지고 있다고 해. 하루에 약 3천 건 이상의 낙태가 이뤄진다는 건데 도무지 믿기지 않는 수치지. 하지만 이마저도 정확히 어떤 기준으로 측정했는지 알 수 없어. 산부인과에서 정확한 데이터를 공개적으로 이야기하기가 어려운 측면도 감안해야겠지. 그래서 익명의 산부인과 관계자는 실제로 훨씬 더 큰 수치가 나올 거라고 이야기하기도 해…. 여러모로 매우 안타까운 일이야.

어쩌다(또는 당연히) 아이가 생긴다,

그런데 생명에 대한 책임을 지지 않는다?

이건 결코 사소한 일이 아니야.

크리스천 남녀 청년 모두 반드시 회개하고

돌이켜야 하는 매우 중차대한 일이지.

'교회 오빠' 이야기에

갑자기 너무 무거운 주제를

다룬다고 생각할 수도 있지만

아예 연관 없는 주제도 아니기에

쓰지만 꼭 삼켜야 하는 약이라고 생각해줘.

교회 안에서도 프리섹스 문화가 창궐한다면

[당연히] 예상될 수 있는 일이니까….

누군가는 꼭 한 번 짚고 넘어가야 하는 일이니까.

그렇다면 교회 오빠는 정말 하나같이

언행불일치에 내로남불만 시전하는

나쁜 놈들의 대명사인 걸까?

오브 콜스 낫! 당연히 아니지.

물론 교회 안에 신앙 양심이

닳고 닳은 나쁜 놈도 많지만

(그건 여자도 마찬가지고)

[여전히] 진지하게 신앙생활을 하려는

훌륭한 '원석'들도 많아.

교회 남자들 사이에

인격 편차, 지식 편차, 신앙심 편차가 있겠지만

그럼에도 그들 모두

'복음 안에서 예배 생활을 한다'라는

공통 분모는 전혀 가볍게 여길 수 없는

본질적인 최장점이라는 사실을 기억해야 해.

개인이 기독교인으로서 훌륭하게 못 사는 거랑

아예 '기독교 관점' 자체를 부정하는 건

하늘과 땅 차이거든.

특히나 요즘처럼 성경적 가치 기준이

비주류인 시대를 지나 적대시하는 시대라면

'복음 안에서 예배 생활을 하는 것'
자체만으로도 선교적 삶을 감당한다고
볼 수도 있는 거거든.

교회 오빠들은 (이론적으로는)
첫째, 우리 삶에는 객관적이고 보편적인
　　　옳고 그름의 절대 기준이 있으며
둘째, 그 기준이 성경이라는 것을
　　　알고, 믿고, 따르는 사람이야.

그 자체로 [귀한 사람]이지.

예수님을 믿는 사람
예수님이 기준인 사람
예수님을 닮아가려는 사람!?
이건 절대 평범한 게 아니거든.
지금처럼 한국 20대 청년 10명 중 약 1명만
크리스천인 시기에는 더더욱 말이야.

그럼 교회 오빠들은 '비(非) 교회 오빠'들과
뭐가 그렇게 다를까?

뭐니뭐니 해도 [관점]이야.

어떤 안경을 쓰고 세상을 바라보느냐는

하나만 다른 게 아니라 전부 다른 거거든.

교회 오빠의 성경적 관점을

연애·결혼 버전으로 크게 세 가지만 말해볼게.

첫째, 아내를 대하는 태도

둘째, 기독교적 성 가치관

셋째, 결혼관 및 가정관이야.

크리스천 남편은 아내를 어떻게 대해야 할까?

본인이 대접받고 싶은 대로 아내를 대접하고(마 7:12)

아내를 자신처럼 사랑해야 하지(마 22:39, 엡 5:28).

더 나아가 예수님이 교회를 위해

자기 목숨을 바치신 것처럼

아내를 섬기고 사랑해야 해(엡 5:25).

요즘 그런 남편이 어딨냐고?

너무 이상주의적인 것 아니냐고?

오우 노오 노우 노우!

마이 시스터.

앞에서 말했던 것 기억해?

기준대로 못 사는 것과

기준 자체를 부정하는 건

하늘과 땅 차이라는 사실!?

부부가 서로 자기 기준만을

옳다고 주장하며 평행선 싸움을 하는 것과

예수님을 기준 삼아 의견을 조율하는 건

정말 엄청난 차이라는 걸 잊지 마.

크리스천 부부의 가장 강력한 강점은

두 사람이 지향하는 목적지가

'예수님', 단 한 곳이라는 거야.

그 목적지로 가기 위한

미시적인 방법론은 다를 수 있지만

그건 분명 부차적인 문제거든.

이런 의미에서

기독교적 성 가치관이나

결혼관, 가정관 역시 마찬가지야.

야한 생각을 품고 상대 이성을
쳐다보는 것만으로도 '간음'이라고 하신
예수님의 가치 기준에(마 5:28)
부합할 수 있는 남자 여자가
이 세상에 어디 있겠어.

그만큼 죄에 민감하게 반응하고
죄에서 돌이키라는 건데
크리스천 부부의 핵심은
두 사람에게 '이렇게 살아야 한다'라는
[절대 기준]이 있다는 거야.

배우자가 아닌 이에게 음욕을 품거나
실제로 외도를 하거나
배우자를 목숨보다 더 사랑하지 않거나
가정생활을 소홀히 하는 건
'옳지 않다'라는 분명한 기준.
자칫 무단횡단을 할 수도 있으나
원래는 하지 말아야 한다는 그 기준.

교회 오빠는 (이론적으로)
이 진리 [안에] 있는 사람들이야.

물론 성경이 제시하는 거룩의 기준이 높아서
어느 누구도 그 기준대로 못 살지.
하지만 나는 못 해도 하나님이 하셔(고후 13:4).
아내에게 집중하는 게 아닌
하나님께 [먼저] 집중할 때
아내를 성경대로 사랑할 수 있는 힘을 주셔(마 6:33).

비록 이 은혜의 통로에 이물질이 가득 차있어서
은혜가 조금씩 '이라도' 떨어지는 사람과
아예 이 은혜의 통로가 시멘트로
꽉 막혀있는 사람은 아예 다르지.
하물며 하나님을 향한 이 은혜의 통로가
크게 뚫려있는 남자라면 얼마나 좋겠어.

본인이 의도적으로 악을 선택하지 않는 이상
보혈에 녹지 않는 완고함이란 존재하지 않아.

이 가능성 하나로도 교회 오빠들은

따뜻한 가정생활을 할 가능성이
매우 높다고 생각해.
교회 오빠를 믿어서가 아니라
그를 붙드시는 하나님의 은혜를 믿기 때문이지.

이밖에도 교회 오빠들은
교회 공동체에서 생활하는 게 익숙하다 보니
인간관계가 보다 성숙할 수 있고,

예배 생활을 통해
하나님께 기도드리고 찬양하고
말씀으로 죄 씻음을 받기에
넌크리스천은 누리지 못하는
정서적 평강을 누릴 수 있고,

'예수님을 위해 살아야 한다',
'예수님을 닮아가야 한다'라는
[인생의 목적]이 있기에 언제든
'나는 죄인이다', '나는 틀릴 수 있다'라며
자신을 돌아볼 수 있는
사고의 유연함을 갖출 가능성이 크고,

뭐니뭐니 해도 크리스천 부부가
함께 복음 안에 거할 때 생기는
영적 유사성과 동질감에서 비롯된
안정감과 친밀감이 가장 큰 장점이겠지.

물론 이렇게 좋은 이야기만
잔뜩 해놓으면 기대감만 높아져서
'무늬만 교회 오빠'들에게 느끼는
실망감의 낙차가 클 수도 있어.

하지만 그 누구도 완성형 크리스천은 없어.
다이아몬드만 찾는 심리도 일종의 교만일 수 있거든.

하나님 앞에 겸손,
이 거룩을 향한 진지한 열정을 품은 성품이라면
비록 지금은 원석이라 모난 부분이 있을지 모르지만,
분명 시간이 흐르면 흐를수록
주님의 다이아몬드로 반짝반짝 빛나는
멋진 교회 오빠가 될 거야.
물론 여자의 경우도 마찬가지겠고.

자 누나, 정리해보자.

교회 오빠는

누나를 보물로 여기는 사람이 아니라

주님을 보물로 여기는 사람이야.

교회 오빠는

누나만 바라보는 사람이 아니라

주님을 바라보는 사람이야.

그래서 주님이 교회를 사랑하듯

누나를 진심으로 사랑해줄 수 있는 거고.

그러니 멋있는 오빠를 찾지 말고

신실한 오빠를 만나야 해.

심장이 뛰는 오빠를 찾지 말고

신앙 코드가 잘 맞는 오빠를 만나야 해.

귀한 사람을 귀하게 볼 줄 아는 것이

금보다 값진 지혜거든.

원석을 찾아, 누나.

원석을 볼 줄 아는 거룩한 분별력을

누나부터 갖춰야 해.

하나님의 말씀이
그 원석과 원석을 발굴한 누나를
신실하게 다듬고 또 다듬으실 거야.

나는 누나와 미래의 매형이
다이아몬드가 되어가는 과정을 지켜보며
기쁨으로 김치전을 부쳐 먹을 거야.

응? 왜 김치전이냐고?
카라멜 팝콘, 어니언 팝콘 라지 콤보에
4D 안경까지 쓰면 너무 티 나잖아…ㅋㅋ

영화(?)가 끝나면 우리 부부랑 같이
한방 삼계탕에 파전을 먹자고.

응? 김치전 먹었는데 파전을 또 먹냐고?

오우 마이 갓
마이 시스터.

까르보나라랑 토마토 해물 파스타가 같아!?

MT 가서 야외에서 먹는 육개장 컵라면이랑

주일 예배 후 집에 와서 끓여 먹는

짜파게티가 같아!!?

우리 부부가 메뉴 선정하면

누나와 미래의 매형인 교회 오빠는

그저 믿고 따라오시오.

자다가도

허니콤보 닭다리를

얻게 될 것이오.

그러므로 이제 그리스도 예수님을 믿는 사람들에게는 유죄 판결
이 없습니다. 이것은 그리스도 예수님을 통해서 생명을 주시는
성령님의 능력이 죄와 죽음의 굴레에서 여러분을 해방시켜 주셨
기 때문입니다. 우리의 타락한 성품 때문에 율법이 연약하여 할
수 없는 그것을 하나님은 하셨습니다. 하나님께서는 죄의 문제
를 해결하시기 위해 자기 아들을 죄 많은 인간의 모양으로 보내
시고 우리의 죄값을 그에게 담당시키신 것입니다. 그것은 육신을
따라 살지 않고 성령님을 따라 사는 우리에게 율법의 요구를 이

루기 위한 것입니다. 육신을 따라 사는 사람은 육신의 일을 생각하지만 성령님을 따라 사는 사람은 성령님의 일을 생각합니다. 육적인 생각은 죽음을 뜻하고 영적인 생각은 생명과 평안을 뜻합니다. 육적인 사람은 하나님의 법에 복종하지도 않고 또 복종할 수도 없기 때문에 하나님과 원수가 되고 맙니다. 육신의 지배를 받는 사람은 하나님을 기쁘시게 할 수 없습니다. **롬 8:1-8**

chapter 5

남자는 무조건 성품이야

ft. 성품귀결론

누나,
남자는 무조건 성품이야.
자, 따라 해봐.

남자는, 무조건, 성품이다.

돈? 있음 좋지.
스펙? 있음 좋지.
그런데 성품이 안 좋아봐, 누나.

한남동 90평 고오급 빌라 구석에서
맨날 누나가 울고 있다고 생각해봐.
인격적인 대화는커녕

시간이 지날수록 눈도 안 쳐다보고
단답형, 명령조로 이야기한다고 해봐.

백화점 쇼핑도 하루 이틀이지
사단이 우리를 속이고 있는
가장 큰 거짓말 중 하나는
우리가 '돈'을 좇는다는 거거든.

물론 맞지.
그런데 더 정확하게는 인간은 '의미'를 좇아.
돈을 좇는 것도 그 돈으로 이룰 수 있는
'상상했던 의미'를 좇는 거고.

그런데 비극은 그런 '죄 된 공허한 삶'은
결코 인간이 만족할 만한 의미를
제공하지 못한다는 건데

우리가 얼마나 불쌍한 존재인지
그걸 말해줘도 모르고,
아는 것 같아도 모르고,
겪어봐도 몰라요.

결국 내가 그토록 원했던 '영혼의 의미와 만족'은
오직 복음으로만 채워지는데, 그놈의 죄가 뭔지
차라리 영혼이 더 파괴되면 파괴됐지
절대 예수님은 안 믿겠다고 고집부리는 거거든.
정말 안타까워….

그러므로 성품이 중요해.
남자는 무조건 성품이야, 누나.

인간관계든, 비즈니스든
전문성과 실력을 중시하는 사회인 것도 맞지만
결국 성품이 좋은 사람이
성공도 하고 [롱런] 하더라고.
믿음의 여정에서 맞닥뜨릴
영적 전쟁에서는 말할 것도 없겠지?!

그런데 잠깐!
여기서 자칫 헷갈릴 수 있는 게
과연 '성품이 좋다'는 말이 뭘 뜻하는 걸까?
단순히 도덕적이고, 젠틀하고,
배려심이 좋다는 걸까?

물론 부분적으로 맞는 말이지만
우린 '전지적 크리스천 관점'에서 생각해야 해.

여기서 말하는 성품이 좋은 사람이란,
그가 인생에서 매사에 가장 먼저 추구하는 목표가
하나님의 나라와 그분의 의(마 6:33)라는 뜻이야.

누나보다 하나님을 먼저 생각하고,
누나보다 예수님을 먼저 생각하고,
누나의 말보다 성령님 음성에 먼저 반응하는
오직 하나님의 영광을 바라는 남자 말이야.

벌써부터 얼굴이 하얘졌군 ㅋ
남편이 선교하느라 전화도 안 받고
누나 혼자 산부인과에서 서럽게 울면서
출산하는 상상을 하듯 말이야 ㅋ
(실제 그런 일이 있을 수도 있겠지만…!)

내가 강조하는 건
눈에 보이는 일의 분주함을 말하는 게 아니고
마음의 동기와 [영혼의 태도]를 말하는 거야.

크리스천이 성품이 좋다고 말하는 건
반드시 하나님이 중심에 있어야 해.
예수님 없는 젠틀과 매너
즉 '땅의 젠틀과 매너'는
크리스천의 기준과 [반드시] 부딪히거든.

물론 교회 다니는 남성 중에도
'못된 놈', '더한 놈'이 왜 없겠어.
나도 누나가 그런 남자는
안 만났으면 좋겠거든.
그래도 난, 누나가 반드시 복음이라는
진리 안에 있는 남자를 만났으면 좋겠어.

지금은 좀 투박해 보일지라도
진리 안에서 성령께 깎이고 꺾이는 게
진리 밖에서 자기 신념을 고집하는 것과는
비교할 수 없이 복된 거니까 말이야.

무엇이 하나님의 나라와 의를 먼저 구하는 것인지
부부가 함께 찾아가는 것도 보통 일이 아닌데

아예 하나님 자체를 인정하지 않는 배우자에게
매번 설명하고, 이해시키고,
설득하는 게 얼~마나 힘들겠어.
또 그가 동의한다는 보장도 없고 말이야.

동생의 요지는,
누나가 배우자를 찾을 때 그 선택 기준이
외모나 돈, 사회적 스펙이 아니라
그 남자의 믿음!!
거룩을 위해 몸부림치는 열정!
하나님나라와 의를 위해
살기 원하는지를 보라는 거야.

여기서 하나 더.
누나도 그런 삶을 살아야겠지?
두 사람의 이 [영적 유사성]이 누나의 결혼 생활을
매우 행복하고 풍요롭게 해줄 거야.

두 사람 모두
하나님의 나라와 의를 위해 헌신한다?

부부가 함께 하나님이 주신 비전을 이루며
살길 결심한다?!!

바로 데려와, 누나.
얼굴이 산적이어도 괜찮아.
남자는 산적 같은 게 멋있는 거야.

눈썹, 코털 관리 안 해도 괜찮아.
누나가 해주면 되지.
헤어스타일 너무 촌스럽고
옷도 드~럽게 못 입어도 괜찮아.
누나가 골라주면 되지.

뭐!? 가진 게 없어서 월세부터 시작해야 한다고!!?
정~~말 괜찮아!

하나님의 비전을 위해
이 나라와 민족을 위해
교회와 가정을 위해
주님께 헌신을 작정한다면
그게 뭐가 중요하겠어.

뭣이 중헌디.

뭣이 중헌디!!?

만약 우리 매형이랑 내가 끓여주는 떡라면에

냉장실에서 바로 꺼낸 시원한 단무지 곁들이고

마무리로 찬밥까지 말아먹으며

시간 가는 줄 모르고

하나님나라와 의를 위한 대화를 나눌 수 있다?

오~예! 난 그걸로 끝.

그러니까 제에~발 데리고 와….

매형의 그림자라도 만져보는 게 소원이야.

이러다 정말 매형을

4D 증강현실 속에서 만나는 건지 몰라….

하, 잠깐 밖에 나갔다 올게.

응? 이 밤에 어딜 가냐고?

떡라면 재료 사러.

누나도 콜?

콜.

떡 찬물에 담가놓고

냄비에 물 올려놓으삼.

미래의 매형 몫까지

면 치기 퍼레이드 해보자고.

호로록

호로록.

그러나 여호와께서는 사무엘에게 이렇게 말씀하셨다. "용모와 신장을 보고 사람을 판단하지 말아라. 이 사람은 내가 말하던 자가 아니다. 내가 보는 것은 사람이 보는 관점과 다르다. 사람은 외모를 보지만 나 여호와는 중심을 본다. **삼상 16:7**

chapter 6

심장이 가라는 대로 가면 망해

ft. 감정 말고 약속

누나,

그런 느낌 알아?

친구 연애 상담은 산신령 납셨는데

막상 자기 연애 때는 바보가 되는

그런 느낌적인 느낌?

남들은

'저 남자랑 결혼하면 고생길 열려' 하는데

혼자 '너넨 몰라. 이건 우리만의 진짜 사랑 이야기'

이러면서 영화를 찍는 거지.

그렇게 섣불리 결혼해놓고

3년도 채 안 돼서 바쁜 친구 불러두고

2시간 동안 구구절절
결혼 생활 넋두리하고 말이야.
그게 다~ [자기 확신]에 차서 그런 거거든.

'이 사람은 달라' 바이러스에 감염된 건데
문제는 우리가 수천 수백 년 동안 반복되어 온
이 무지의 굴레를 왜 끊지 못하냐는 거야.

특히 현대인들은
'난 합리적이야', '난 이성적이야',
'난 스마트해'라고 여기잖아.

그런데 왜 인생에서
두 번째로 중요하다고 할 수 있는
배우자 선택 과정에서는
하나같이 바보가 되어버리냐는 거지.

정신의학자, 심리학자, 뇌과학자,
행동경제학자, 신경과학자들도 예외가 아니야.
알고 있(다고 생각하)는 것과
실제 '잘' 사는 것은 다른 거거든.

지식이 많은 것과 지혜가 충만한 건
다르다는 단적인 예가 아닐까 싶어.
성경 지식이 많은 것과
예수님을 못 알아보는 것의 차이랄까(눅 22:2).

심장을 따라가면 망하는 거야, 누나.
마음이 하라는 대로 하면 망해.
자기 마음을 왜 믿어.
성령님을 붙잡아야지(갈 5:25).

누나가 그 남자에게 '사랑에 빠졌다'라고
느끼는 감정 자체는 사실이야.
[실제로] 황홀하고, 행복하고, 떨리고, 짜릿할 거야.
그 남자와의 연애 때문에 한마디로 이성을 잃을 거야.

[실제로] 누나 몸속 호르몬 상태가 변하거든.
도파민, 엔도르핀, 페닐에틸아민, 키스펩틴, 옥시토신 등
신경전달물질까지 공부하진 않아도 돼.

핵심은 이 호르몬이
평생 나오는 게 아니라는 거지. 길어야 2년.

호르몬 마법이 풀리는 순간,

그제야 상대의 외형과 내면을

객관적으로 볼 수 있게 되는데

애초에 사랑의 정의와 전제를

본인의 감정과 느낌으로 세운 사람들은

'내가 어리석었구나' 하는 게 아니라

'얘가 아닌가 보다' 할 가능성이 커.

내 심장의 쿵쾅거림은

사랑의 전부가 아닌 사랑의 도입이거든.

찰나의 단면이고 말이야.

하지만 사랑의 기반은 내 감정의 뜨거움이 아닌

하나님 그 자체이자(요일 4:8),

변하지 않는 약속이며(창 15:17),

대신 죽으신 희생이거든(벧전 2:24).

내 감정이 주가 아니라 하나님의 영광이 주야.

그래서 신실한 크리스천은 연애나 결혼을 할 때도

모든 선택의 기준을 '내 감정'이 아닌

'하나님의 말씀'이라는 약속에 두는 거고.

내 심장의 떨림이 아니라

심장까지 내어주신 예수님이 기준인 거지.

신뢰감 뿜뿜 넘치는

바리톤 저음의 달콤한 남자 목소리로

'나랑 결혼해주면 손에 물 묻히지 않게 해줄게' 하는

약속을 믿지 말아야 해.

손에 물 안 묻게 고무장갑 사주거든.

애인 약속 믿지 말고

주님 약속 믿어야 해.

이걸 머리로만 아는 사람은

백날 이런 이야기를 해도

입으로만 "아멘!" 하고

결국 육적인 매력(만) 뿜뿜한

남자에게 하트 뿅뿅 하다가

훗날 그 하트가 분노로 뿌뿌 되는 거고,

마음으로 믿고 실제로

주님을 믿고 따라가는 사람들은

예수님에게 하트 뿅뿅,

그러므로 배우자에게도 하트 뿅뿅 하는 거고.

사랑은 글로 배우는 게 아니라는데

크리스천은 다르다고 생각해.

먼저 잘 배워서 사랑에 대한

'옳고 그름'의 성경적 기준이 잡혀있어야

내 감정의 방향을 [분별]할 수 있거든.

사랑은 대개 [비자발적]으로

시작되는 경우가 많아.

그러니 감정이 깊어지기 전에

즉 '감정의 지배'를 받기 전에

'성령님의 지배'를 받아 (롬 8:9)

땅의 선택이 아닌 하늘의 선택을 할

확률을 높여야 하지.

배운 내용을 틀리는 거랑 아예 배운 적이 없어

잘못된 선택을 하는 건 다르잖아.

사전에 옳고 좋은 걸 배우는 건 엄청 중요해.

특히 연애와 결혼 앞에서 말이야.

정리해볼까!?

연애할 때 두근두근하는
심장 떨림 자체가 틀린 게 아니다.
단, 그걸 기준 삼아서
결혼 여부를 결정하지 말라!

아주 행복해 죽을 것 같고
이놈 아니면 안 될 것 같고
이 사람이면 날 평생 행복하게
해줄 것 같다고 내 가슴이 말한다?

오 마이 갓.

그 똑같은 가슴이 불과 몇 년 뒤에
아주 불행해 죽을 거 같다고,
이놈만 피하지 왜 못 피했냐고,
평생 불행하다고 외칠 가능성이 커.

누나의 확신을 믿지 말자.
심장이 아닌 성경을 따라가자.

사랑은 내 감정의 뜨거움이 아닌
말씀의 영원한 약속이다.

끝.

잠깐만 누나,
내 심장이 지금 뭐라고 외치고 있어….
광어 회덮밥과… 해물 된장국…?

새콤한 초장과 싱싱하고 두툼한 회,
아삭한 상추가 쌀밥의 온기와 어우러질 때…
바삭한 새우튀김과 고구마튀김,
해물 된장국의 시원한 감칠맛이(캬~)
날 부르고 있어…!!

심장이 시키는 대로 먹으면
세숫대야에 비벼 먹어도 0칼로리야.

숟가락 들어, 누나.
비비자.

여호와여, 주의 법도를 나에게 가르치소서. 내가 평생 그것을 지키겠습니다. 나에게 깨달음을 주소서. 내가 주의 법에 순종하며 최선을 다해 그것을 지키겠습니다. 주의 명령에 순종하는 길로 나를 인도하소서. 내가 그것을 기뻐합니다. 내 마음이 주의 말씀으로 향하게 하시고 이기적인 욕심으로 치우치지 않게 하소서. 내 눈을 돌이켜 헛된 것을 보지 않게 하시고 주의 말씀으로 내 삶을 새롭게 하소서. 주의 종에게 주의 약속을 이행하셔서 두려운 마음으로 주를 섬기게 하소서. 내가 두려워하는 수치를 떠나게 하소서. 주의 법은 훌륭합니다. 내가 주의 교훈을 사모합니다. 주의 의로 나를 새롭게 하소서. 시 119:33-40

chapter 7

친구 같은 애인이 좋아

ft. 우정사랑론

누나,
데이트가 뭘까?

사람들은 좋아하는 감정이 생기면
서로 마음을 확인하고 연애를 하잖아.

그런데 그 연애의 다른 이름인
'데이트'의 정의에 대해 진지하게
생각하는 사람은 별로 없는 것 같더라고.

데이트의 사전적 정의는
'이성끼리 교제를 위하여 만나는 일
또는 그렇게 하기로 한 약속'인데

대다수의 사람들은 데이트를
하나의 연상되는 이미지로
생각하는 경우가 많아.

누나도 내가
데이트가 무엇이냐고 물어봤을 때
그와 관련된 이미지들이 떠올랐을 거야.

그런데 누나, 한 번 진지하게 생각해봐.
누나에게 그 '데이트에 대한 이미지'를
[누가] 심어줬을까?

누나의 잠재의식에 차곡차곡
이미지를 쌓이게 한 주체가 누굴까?

바로 [매스 미디어]야.
더 구체적으로 말하면 영화감독, 예능 PD,
드라마 작가와 연출, 소설가 등과 같이
콘텐츠를 창작하고 연출하는 사람이
우리의 잠재의식 속에 특정 이미지를
지속적으로 주입하고 있는 거야.

곰곰이 생각해봐.

우리들의 데이트가

왜 방송인들이 갔던 맛집을 가는 거야?

왜 결혼도 안 한 커플이 밀실에서

성관계를 하는 거야?

다 어디서 보고 배운 거거든.

'보는 영상 내용물'이

영혼의 교과서 역할을 하는 거지.

외모가 뛰어난 남녀 배우,

자극적이고 단조로운 스토리라인,

말초성을 자극하는 카메라 연출,

피부 잡티 하나 안 보이게 하는 후반 필터작업,

아름다운 배경음악 등이 어우러져서

하나의 '이야기'를 만들면

그게 곧 콘텐츠가 되고, [문화]가 되는 거야.

성경이 말하는 거룩과 음란,

인내와 절제의 개념은커녕

'데이트는 곧 (프리)섹스'라는 식으로,

'네 마음 가는 대로 하라'는 식으로
사람들의 연애관
즉 데이트의 정의와 의미를 조장하는 거야.

이쯤에서 다시 한번 생각해봐.
데이트가 뭐야? 그게 왜 데이트야?

크리스천은 크리스천다운 연애관을 가져야겠지?
존 파이퍼 목사님은 데이트에 대해
세상과는 다른 이야기를 해.

《존 파이퍼가 결혼을 앞둔 당신에게》에서
결혼 전에 두 사람이
[영적인 대화]를 나눌 것을 권면하는데
한마디로, 우리들에게 데이트란
인격적인 대화라는 거야.

신앙 양심을 속이고 모텔에 들어가거나
도파민 호르몬에 허덕이며
성경적 일상성이 다 허물어지는 것과는
전혀 다른 접근이지.

그런데 이번 챕터에서
'친구 같은 애인' 이야기를 하면서
왜 갑자기 데이트, 미디어 이야기부터 꺼냈을까?

우정이 바탕이 된 담백한 사랑을 하려면
미디어에서 가공하고 부각하는
특정 이미지부터 털어내야 하거든.

사랑이 불타오른다는 건
신경전달물질에 충실히 반응하는,
즉 감정에만 충실한 게 아닌
두 사람의 약속과 신뢰가 [성경 안에서] 두텁다는 거고

반대로 사랑이 꺼져간다는 건
도파민 유효기간이 끝나
더 이상 '설레지 않는다'라는 게 아닌
두 사람의 연애가 하나님 앞에서
멀어져간다는 걸 의미해.

설레고, 떨리고, 흥분되는 건 사랑의 전부가 아닌
사랑의 도입이자 작은 단면일 뿐이야.

그런데 미디어는

이 작은 단면이 전부인 양 보여줘.

'사랑'에 가면을 씌우지.

그래서 우리도 가면을 쓰게 돼.

서로 콘셉트를 잡고 만나는데

어떻게 인격적인 대화가 되겠어.

인격적인 대화는 내 속을 다 보여주거나

그냥 말만 많이 하는 게 아니라

[영혼의 허세]를 내려놓고 하나님을 의식하는

겸손한 자들의 대화야.

응? 그럼 만나자마자

주여 삼창하고 기도회 해야 하는 거냐고?

만날 때마다 큐티만 해야 하는 거냐고?

바로 그 반응이 중요해, 누나.

내 말은 성경적 연애관을 이야기할 때마다

'그건 교회 버전 아니야?'라고 생각하는

그 이분법을 깨야 한다는 거야.

매사에 하나님의 나라와 의를

먼저 구하는 남자와 여자는

신앙생활 [안에] 데이트가 녹아있지,

잠깐 신앙생활 방에서 빠져나와

데이트를 즐기다가 다시

그 방으로 들어가는 게 아니거든.

친구처럼 연애하라는 건,

친구 같은 애인이 좋다는 건,

누나가 [평소] 고민하고 씨름하는 신앙 문제를

언제나 자연스럽게 이야기할 수 있는

그런 관계가 되라는 거야.

때로는 '무엇이 하나님의 뜻인가'에 대한

의견이 갈려서 격하게 토론할 수도 있고,

때로는 두 사람이 뜻을 모아

의미 있는 영적 진전을 할 때도 있겠지.

쉽게 말해 누나의 애인은

누나와 가장 가까운 [신앙의 동지]라는 말이야.

(영적인) 화장을 두껍게 하고 만나는 사이가 아니라
어떤 가면도 쓰지 않고 하나님의 비전을
함께 고민하는 영적인 친구라는 말이지.

물론 처음 교제를 시작할 때부터
그런 관계가 될 수는 없어.
또 누나부터 영적인 가면과
허세를 없애기 위해 노력해야 하고.

핵심은 [톤]이야.
세상을 살아가는 나만의 톤.
그 톤이 담백해야 해.
자연스럽고 심플해야 해.
누나부터 자신에게 청결해야 하고(마 5:8)
하나님께 성결해야 해(출 19:10).
무슨 일이든 겸손한 마음으로
자기보다 남을 낮게 여겨야 해(빌 2:3).

사랑은 (프리)섹스가 아닌
사랑이 곧 하나님이심을 믿어야 해(요일 4:8).

애인은 내 성욕을 푸는 대상이 아닌

하나님의 형상이 담긴(창 1:27),

내게 보내신 작은 예수님처럼 여겨

결혼 전까지 의롭게 지켜줘야 할 대상이야(마 1:25).

이런 얘기를 진지하게 나눌 수 있는

신앙의 친구, 그런 애인이 좋다는 거지.

그리고 그런 연애가 가능하려면 애초에

두 사람의 신앙관이 엇비슷해야 하고 말이야.

민망할 수 있지만

유부남으로서 조금 직설적으로 이야기하자면

섹스보다 중요한 게 인격적인 대화야.

누나, 우리 부부가

언제 가장 행복한 줄 알아?

산책하면서 대화할 때,

장거리 운전하면서 대화할 때,

저녁 식사 후 식탁에서 대화할 때,

잠들기 전 침대에서 대화할 때.

매번 대화 내용이 성경 이야기는 아니지만,
모든 대화 내용의 전제는 하나님의 살아계심이지.
[기독교적 대화] 말이야.

이런 부부 관계가 될 수 있음은
연애 시절부터 두 사람이
부단히 하나님의 뜻을 구했기 때문이라 생각해.

신앙관이 엇비슷하면
티격태격은 갈라짐의 원인이 아닌
더욱 단단해지는 과정일 수 있어.
하나님이 주신 큰 축복이지.

가끔 교회 안에서도 여자들이
신앙 코드가 잘 맞는 남자들을 두고
'쟤랑 키스하는 건 상상이 안 돼',
'쟤는 다 좋은데 두근거리질 않아'
라는 식으로 이야기하는 걸 보거든.

물론 무조건 교회 친구랑
사귀고 결혼하라는 말은 아니야.

하지만 한 가지 알아둬야 할 건,

나와 함께 교회 생활을 해서

내 신앙 여정과 엇비슷한 길을 걸어왔고,

더 나아가 신앙 코드까지 잘 맞아

대화가 매우 편하고 신뢰할 수 있는

이성 친구는 절대 흔치 않다는 것.

드라마에서 보여주는 조미료 가득 뿌린 남자는

이 세상에 없다는 것.

엄마가 매번 차려주는 '당연한' 밥 한 끼처럼

내 주변에 '당연히' 함께 있어줬던

믿음 친구의 그 담백한 듬직함은

참 귀한 하나님의 복이라는 것.

또 누나가 매형이랑 친구처럼 지내야

나도 친구처럼 지낼 수 있지 않겠어 ㅋ

누나 부부랑 우리 부부가

완전하고 완벽하진 않아도

소탈하고 담백하게 한강에 돗자리 깔고
라면을 끓여 먹는 거지.

그리고 한강 노을을 바라보며
시간 가는 줄 모르게 기독교적 대화를 나누다
저녁이 되면 자연스레 배달된 치킨을 뜯으며
이 나라와 교회를 위한 기도 제목을 나누는 –

크~ 바로 그거거든.

여름에는 강원도에 펜션 하나 잡고
막국수와 감자전, 회무침과 삼겹살,
아침에는 컵라면에 3분 카레!!!

와우~ 바로 그거거든.

그런 연애를 하려면 뭐다!?
나부터 친구 같은 사람이 되자!
영적 허세를 걷어내고
신앙과 생활의 이분법을 허물자!

좋아!

누나가 그런 성령충만한

예배자가 될 수 있게

이 동생이 새벽예배 갈 때마다

기도해줄게!

새벽예배 끝나고

전주식 콩나물국밥에

전병 한 접시 콜!?

알라뷰, 누나.

알람 맞춰, 누나.

새벽예배 컴온!

결혼 전, 보다 많은 문제들에 대해 대화를 나누십시오. '이 문제
를 다룰 보다 적절한 때가 오겠지.'라고 생각한다면, 오산입니
다. … 교제 기간, 결혼 준비 기간이 있는 것은 미처 몰랐던 서로
의 생각과 신념, 느낌, 행동 등을 최대한 알아가기 위해서입니다.
… 그리고 지금은 영적인 문제들을 조율할 더없이 좋은 때입니
다. 두 분이 함께 성경을 읽으십시오. 영적인 문제와 관련한 모든
것에 대해 함께 기도하고, 생각하고, 공부하고, 대화하십시오.

서로 같은 신앙적 관점을 갖도록 하십시오. 이 일은 억지로 밀어붙이거나, 부수적인 문제로 여기고 미룰 것이 아닙니다. 결혼한 두 분이 그 원대한 목적을 위해 함께 나아가려 한다면(이것이 바로 결혼이 존재하는 이유입니다), 같은 방향으로 나아가야 합니다. 다시 말해, 같은 방식으로 하나님과 그리스도와 성령님을 보아야 합니다. 믿음과 사랑, 구원, 천국과 지옥, 사탄과 죄, 거룩과 순종 등 이 모두에 대해 본질적으로 같은 시각을 가져야 합니다. **존 파이퍼 《존 파이퍼가 결혼을 앞둔 당신에게》 14, 15쪽 부분 발췌**

chapter 8

혼전 동거의 본질은
비겁함이다

ft. 내 연인 책임감 있게 사랑하기

59. 7퍼센트.
이게 어떤 숫자일까, 누나?

통계청이 밝힌 '2020년 사회조사 결과' 중
한국 사람들이 동거에 찬성한 비율이야.

10명 중 약 6명은 동거에 찬성한다는 건데
결혼에 대한 신앙적·신학적 의미를
깨닫고 "아멘!" 했던 우리 입장에서는
염려스러운 수치라 할 수 있지.

54. 8퍼센트.
이건 어떤 숫자일까?

'비혼 동거 가족의 자녀를 본인이나
자식의 결혼 상대로 선호하지 않는다'라고
응답한 한국인의 비율이야
(2019년 여성가족부와 한국여성정책연구원이 실시한
가족다양성에 대한 국민여론조사).

어떤 관점으로 보느냐에 따라
희망적일 수도 있고, 절망적일 수도 있는데
세상이 점점 더 성경이 옳지 않다는 연애·결혼관으로
급속히 기울고 있는 걸 감안하면
우려가 깊은 게 사실이지.

동거 찬성은 10명 중 6명,
동거 경험이 있어도 괜찮다는 사람은
10명 중 약 4.5명 ….

세상이 '이제 이건 옳다' 하는 걸
'그건 끝까지 틀렸다'라고 이야기하고
더 나아가 '옳은 문화'를 지켜내야 하는
우리들의 사명을 생각한다면
여러모로 결코 쉽지 않은 상황이야.

이제 우리가 '결혼해서 사는 것'만으로도
세상의 소금과 빛 역할을 감당하는 시대가 되었어.
결혼 그 자체가 선교인 거야.

그럼 크리스천인 우리들은
왜 동거를 반대해야 할까.
그건 혼전 동거의 본질이
반성경적이기 때문이겠지?

결혼은 두 사람이 하나님과 하는 약속이자
두 사람 간 영혼의 약속이야.
요즘은 약속이라는 개념이 많이 흐려져서
'계약'이라는 표현이 더 적절하겠네.

계약이라는 건
서로 지켜야 할 의무가 있다는 건데
의무는 다른 말로 [책임]이라고도 할 수 있지.

책임! 중요한 단어야.
책임 없는 사랑,
책임 없는 자유,

책임 없는 행복은

어떤 의미로든 반성경적이거든.

동거는 책임 없는 사랑

(이라 주장하는 자기 욕구 충족)이야.

결혼이 주는 축복과 은혜만 누리면서

'합리와 효율'이라는 명분으로

언제든 도망갈 구멍을 만들어놓고 시작하는

일종의 불신이 전제된 게임이지.

사랑한다고 하면서

언제든 헤어질 준비를 하고 있는

언행불일치 커플이랄까.

그래서 동거의 본질이

비겁함이라고 생각해.

책임 없는 사랑은

'널 사랑하는 배려와 희생'이 아닌

'날 사랑하는 이기적 자기 욕구 충족'

그 이상도 이하도 아니거든.

만약 누나가

부동산 전세 계약을 하려고 하는데

집주인이 자기만 믿으라고,

걱정하지 말라고 말은 청산유수인데

정작 계약서는 쓰지 말자고 한다면?

누나를 고용하려는 회사가

누나에 대해 칭찬을 아끼지 않는데

좋은 게 좋은 거니

정작 계약서는 쓰지 말자고 한다면?

공적인 약속과 그에 따른 책무를

거부하거나 회피하는 상대를

과연 신뢰할 수 있을까?

동거도 마찬가지야.

한 번 결혼하면 쉽게 무르지 못하니

너와 내가 일단 살아보고

괜찮다 싶으면 계속 살고,

아닌 것 같으면 '쿨하게' 헤어지자,

이게 훨씬 합리적이고 효율적이라는 건데

내가 묻고 싶은 건

그게 어떻게 '사랑'이냐는 거야.

사랑은 본질적으로

비합리적이고 비효율적이야.

예수님이 우리의 실체를 천천히 살펴보시면서

십자가에 달리실지 말지 합리와 효율을 따지셨다면

우리가 하나님의 자녀가 될 수 있었을까?

소방관들이 위험한 화재 현장에서

합리와 효율을 따졌다면

과연 그 불길 속으로 뛰어 들어가

소중한 생명을 구해낼 수 있었을까?

요즘 세대가 갖는

합리와 효율의 (주관적) 기준으로

우리 부모님이 동거를 했다면

과연 우리 가정이 존재할 수 있었을까?

내 미성숙함과 사악함과

부모님의 자기실현욕구와 사생활

사이의 경중을 '합리적'으로 따졌다면
과연 부모님이 날 낳고 키워주셨을까?

다 바보 같은 이야기지.
사랑은 본디 설명이 안 되는
가장 비효율적이고 비합리적인 행위야.
그래서 찬란하게 아름다운 거고.
이타적 아름다움이 결혼이라면
이기적 자기합리화가 동거라 생각해.

처음부터 상대와 언제든 헤어질 수 있다고
상정하고 시작하는데
그게 어떻게 책임감 있는 사랑일 수 있겠어.
'이게 다 널 위한 거다' 식의 주장은
이기심을 가리기 위한 비겁한 변명에 불과하지.

동거인들이 쉽게 간과하는 게 또 있어.
혼전 동거는 서로 괜찮으면 계속 살고,
힘들면 헤어지자는 건데
도대체 그 '괜찮다'라는 기준을
어떻게 측정하냐는 거야.

두 사람의 합의?

그렇다면 결국 사람의 주관적인 느낌과 기분이

옳고 그름의 당위가 된다는 거네….

두 사람이 합의만 한다면 결혼이고 이혼이고

그 의미가 마음대로 재정의될 수 있다는 거고….

누나,

아무리 봐도 어딘가 부자연스럽지 않아?

하나님을 부정하는 넌크리스천은 어쩔 수 없다 해도

하나님을 믿고 따르는 크리스천이

어떻게 위와 같은 논리를 받아들일 수 있겠어.

모든 걸 우리 마음대로 정의할 수 있다면

성경이 왜 필요하고, 순종과 자기부인이

왜 필요하겠어.

동거까지 종교가 간섭하느냐 묻는다면,

결혼이라는 신적 약속도 인정하지 않는 사람이

어떻게 그리스도인이냐고 되묻지 않을 수 있겠어.

그럼 동거 기간은
얼마나 지내야 합리적인 걸까.

6개월? 1년? 3년?
그걸 누가 정할까?
양측의 합의에 따라?

어때 누나, 아까랑 똑같지.
본질은 내가 인생의 왕이 되겠다는 거거든.
그런데 하나님이 너무 걸리적거리는 거야.

지키라고 하니까,
참으라고 하니까,
견디라고 하니까,
그것만이 옳은 사랑이라 하니까.

만일 우리 사회가
동거를 괜찮다고 용인한다면
동거의 횟수와 기간 또한
마음대로 정할 수 있게 돼.

그 말은 결혼 전, 5명이든 12명이든
4개월이든 7년 8개월이든
마음대로 사실혼으로 살다 와도(?)
그걸 '틀렸다' 말할 수 있는
기준과 당위도 없어진다는 말이야.

약속과 책임을 등한시하는 걸
정당한 권리로 인정해버리는 순간,
우리 사회는 걷잡을 수 없는
혼돈에 빠져들게 될 거야.
그건 진보가 아닌 퇴보고,
해방이 아닌 멸망이지.

사단은 이처럼 동거, 비혼, 졸혼은 옳은데
거룩한 결혼과 그에 따른 책무만
시대착오적, 비합리적이라는
사회 분위기로 몰아가고 있어.

실제로 미래 예측 학자들이
한목소리로 예견하는 것 중 하나가
가정의 붕괴, 결혼의 폐지야.

이런 예측이 결코 무리가 아닌 건

세 가구 중 한 가구가 1인 가구라는,

합계 출산율 0.8명이라는,

아예 결혼 자체를 안 하겠다는 청년이 늘고 있는

우리나라 현실을 보면 알 수 있어.

더 나아가 법적인 부부만 누릴 수 있는

법적 권리와 복지 혜택을 동거 커플에게도 준다면

그중 '동성 간 동거인'들에게도 부부라는, 가족이라는

법적인 인정을 해줄 수도 있게 되는 건데

이건 가정법·교육법·입양법 등이

모조리 뒤바뀌게 되는 문제라

감정적으로 섣불리 결정하면 안 돼.

법률적·사회적·신학적 논의가 반드시 필요한

국가 차원의 매우 중차대한 문제지.

하지만 많은 사람들이 여기까지 생각하지 못하고 있어.

실제 한국 사람들 중 '법령상 가족의 범위를

사실혼과 비혼 동거까지 확장하는 방안'에

찬성한다는 응답이 무려 64.6퍼센트가 나왔거든

(2021년 여성가족부 가족 다양성에 대한 국민 인식조사).

이처럼 동거가 괜찮다는 논리를
개인적·사회적·법적으로 용인해버리면
결국 우리가 곧 마주하게 될 진실인 거지.

'나는 그냥 결혼 전에 잠깐 동거하겠다는 건데
얘는 매사에 왜 이렇게 극단적이고
무서운 얘기만 하고 있어…?'라고 생각할 수 있어.

그런데 누나,
성경적 가치관을 무너뜨리려 하는 사람들이
바로 그 점을 노리는 거야.
동거를 괜찮다고 용인하는 순간
쏟아질 아흔아홉 가지 진실은 가리고
지금 당장 '네 느낌에만 집중하라'고 하는 거거든.

그렇다면 우린 이 거대한
'현대성'(現代性)이라는 쓰나미 앞에서
무엇을 해야 할까?

거창한 게 아니야.
성경적으로 사랑하고 결혼하는 것.

결혼 후 배우자와만 성관계하는 것.

책임감 있게 사랑하는 것.

부부의 우선순위는 항상 예수님이 되는 것.

앞서 말했듯이

우리가 하나님께서 기뻐하시는

연애와 결혼을 하는 게

이 시대에 가장 중요한 선교적 사명이야.

마음대로 살지 않을 자유는

인간만이 누릴 수 있는 특권이야.

결혼 예배를 통해 '공적인' 부부 됨의 역사를

써 내려가는 절제와 인내와 믿음이

참 평안과 행복을 선사할 거야.

무엇보다 [당당]할 거야.

성경의 길을 따르는 사람만이

누릴 수 있는 영적인 특권이지.

인간의 탐욕이 아닌

[성경의 합리]를 선택하자!

이기적 동거가 아닌

의롭고 아름다운 결혼을 선택하자!

그것이 바로

누나의 영혼을 존귀하게 해주는

하나님의 가장 값진 선물이니까.

피쓰… ☆

예수 그리스도의 태어나신 일은 이렇다: 예수님의 어머니 마리아는 요셉과 약혼하였으나 아직 결혼 전이었다. 그런데 성령으로 임신한 사실이 알려졌다. 그러나 의로운 사람인 약혼자 요셉은 마리아를 부끄럽게 하고 싶지 않아서 남몰래 파혼하려고 마음먹었다. 요셉이 이 일을 곰곰이 생각하고 있을 때 꿈에 주님의 천사가 나타나 이렇게 말하였다. "다윗의 후손 요셉아, 마리아를 아내로 맞아들이는 것을 주저하지 말아라. 그녀가 임신한 것은 성령으로 된 것이다. 마리아가 아들을 낳을 것이다. 그의 이름을 '예수'라고 불러라. 그가 자기 백성을 죄에서 구원하실 것이다." 이 모든 일이 일어나게 된 것은 하나님이 예언자를 통해서 말씀하신 예언이 이루어지도록 하기 위해서였다. "처녀가 임신하여 아들을 낳을 것이며 그의 이름을 '임마누엘'이라 부를 것이다." 임마누엘은 하나님께서 우리와 함께 계신다는 뜻이다. 요셉은 잠에서 깨어나 주님의 천사가 일러준 대로 마리아를 아내로 맞아들였다. 그러나 그는 마리아가 아들을 낳을 때까지 그녀와 잠자리를 같이하지 않았다. 마리아가 아들을 낳자 요셉은 이름을 '예수'라 하였다. 마 1:18-25

남동생의 잔소리는
계속될 거야, 누나

누나에게 해주고픈 남동생의 잔소리가
아직 많이 남았는데 지면의 한계로 인해…ㅋ
일단 여기서 마무리하려고 해.

시간이 흐를수록 어둡고 차가워지는
이 심각한 어둠의 현실 속에서
누나에게 최대한 밝고 재밌게
결혼과 연애 이야기를 하려고 했어.

세상은 예수님이 다시 오시기 전까지
집요하게 남자와 여자의 성 정체성,
결혼·부부·가정의 정의 등을
반성경적으로 헤집으려 할 거야.

네가 원하는 대로 살라고,
본능이 끌리는 대로 하라고,

프리섹스 하라고,

아이가 생겨도 '지우면' 그만이라고,

그게 인간의 '진보된 인권'이라고,

결혼은 하더라도 아이는 낳지 말라고,

힘들면 이혼하라고,

이혼해서 당당하게 네 인생 되찾으라고,

아니면 '합리적인' 졸혼을 하라고,

애초에 부담스러운 결혼 말고

'합리적인' 동거를 하라고,

동거법만 바꾸면 된다고,

아예 동성 부부도 허락하자고,

가정법, 입양법 바꿔서

법적으로 제도화하면 된다고….

전방위에서 성경적 성 가치관과

연애·결혼관을 흐트러뜨리려 할 거야.

아니, 이미 그런 영적 전쟁이
치열하게 벌어지는 중이지.

도대체 왜 그럴까?
왜 하필 성일까? 결혼일까?
신본주의와 인본주의, 하나님 사랑과 세상 사랑의
바로미터가 바로 [거룩과 음란]
곧 우리들의 성생활이기 때문은 아닐까?

이런 의미에서 크리스천이 크리스천과 결혼해서
아이를 낳고 믿음의 가정을 꾸리는 것 자체가
[선교]인 시대가 되어버렸어.

종교는 차치하더라도
출산율 0.8퍼센트인 나라에서
마주하는 비극적인 현실이지.

성경은 처음부터 끝까지
결혼 이야기가 나와(창 2:18, 계 22:17).
그만큼 결혼 안에 스며든
하나님의 신비가 가득하다는 증거겠지?

나는 누나가 예수님 앞에서, 미래의 신랑 앞에서
거룩한 신부가 되길 원해.
누나의 결혼 생활이 이 세상을 거스르는
거룩한 영적 예배가 되길 원해.

누나 부부의 삶 속에 예수님과 교회의 관계와
그 사랑의 향기가 짙게 퍼지길 원해.

물론 나부터 그렇게 살아야겠지만
우리 남매가 하나님 앞에 그런 귀한 삶을 살도록
함께 노력했으면 좋겠어.

그게 하나님께서 우리에게 보이신

참 행복이자, 참 가치니까.

그동안 내 얘기 들어주느라 고생 많았어, 누나.

그간 밥도 많이 얻어먹었으니

이번에는 동생이 거하게 쏠게!

가격 상관하지 말고 먹고 싶은 것 다~ 말해!!

우선 난 컵라면 작은 컵!!!

장난이고,

우리 부부가 누나를 위한 만찬을 직접 요리해주겠어!

누나는 그만큼 소중한 존재니까 :)

아, 물론 식사 자리에서 본격적인 연애 기술(?)에 대해

명강연이 있을 예정이야.

응? 이게 끝 아니었냐고?!

무슨 소리야?

아직 시작도 안 했는데…?

남동생의 잔소리는

예수님 오시기 전까지 계속될 거야, 누나.

우리 남매의 스토리는 계속된다.

투 비 컨티뉴드.

끝.

누나, 내가 결혼을 해보니까 말이야

초판 1쇄 발행	2022년 8월 3일
지은이	책읽는사자
펴낸이	여진구
책임편집	김아진 정아혜
편집	이영주 정선경 최현수 안수경 김도연
책임디자인	조은혜 | 마영애 노지현
홍보·외서	진효지
마케팅	김상순 강성민 허병용
제작	조영석 정도봉

마케팅지원 최영배 정나영
경영지원 김혜경 김경희 이지수

303비전성경암송학교 박정숙 최경식
이슬비전도학교 / 303비전성경암송학교 / 303비전꿈나무장학회

펴낸곳 규장

주소 06770 서울시 서초구 매헌로 16길 20(양재2동) 규장선교센터
전화 02)578-0003 팩스 02)578-7332
이메일 kyujang0691@gmail.com
페이스북 facebook.com/kyujangbook
카카오스토리 story.kakao.com/kyujangbook
등록일 1978.8.14. 제1-22

홈페이지 www.kyujang.com
인스타그램 instagram.com/kyujang_com

ⓒ 저자와의 협약 아래 인지는 생략되었습니다.
이 출판물은 저작권법에 의해 보호를 받는 저작물이므로 무단 전재와 무단 복제를 할 수 없습니다.

책값 뒤표지에 있습니다.
ISBN 979-11-6504-352-0 03230

규 | 장 | 수 | 칙

1. 기도로 기획하고 기도로 제작한다.
2. 오직 그리스도의 성품을 사모하는 독자가 원하고 필요로 하는 책만을 출판한다.
3. 한 활자 한 문장에 온 정성을 쏟는다.
4. 성실과 정확을 생명으로 삼고 일한다.
5. 긍정적이며 적극적인 신앙과 신행일치에의 안내자의 사명을 다한다.
6. 충고와 조언을 항상 감사로 경청한다.
7. 지상목표는 문서선교에 있다.

하나님을 사랑하는 자 곧 그의 뜻대로 부르심을 입은 자들에게는 모든 것이 合力하여 善을 이루느니라(롬 8:28)

Member of the
Evangelical Christian
Publishers Association

규장은 문서를 통해 복음전파와 신앙교육에 주력하는 국제적 출판사들의
협의체인 복음주의출판협회(E.C.P.A:Evangelical Christian Publishers
Association)의 출판정신에 동참하는 회원(Associate Member)입니다.